Die 5A-Quantenheilung

Für Shari und Sytze

Dagmar Braaksma

Die 5A-Quantenheilung

RockDeinLeben!

Über die Autorin:

Dagmar Braaksma ist Juristin, Rocksängerin, Heilpraktikerin für Psychotherapie, Mental- und Intuitionscoachin, Erfolgreich-Wünschen- und Matrix-Inform-Coachin und die Entwicklerin der 5A-Quantenheilung. Diese Mischung aus Mentalcoaching und Energiearbeit kann man in Einzelcoachings erfahren oder in zahlreichen Seminaren und Workshops selbst erlernen. Dagmar Braaksma kann darüber hinaus für Vorträge, Lesungen und InHouse-Seminare gebucht werden.

Alle Informationen dazu auf der Webseite www.dagmar-braaksma.de.

Hinweis für die Leser/ Haftungsausschluss:

Die Informationen in diesem Buch sind von der Autorin sorgfältig erwogen und geprüft worden. Dennoch kann eine Garantie für Heilungserfolge nicht übernommen werden. Alle vorgeschlagenen Übungen ersetzen bei gesundheitlichen Problemen keinesfalls den Besuch eines Arztes oder Heilpraktikers. Eine Haftung der Autorin für Personen-, Sach- und Vermögensschäden ist ausgeschlossen.

Bibliografische Information der Deutschen Nationalbibliothek:

Die Deutsche Nationalbibliothek verzeichnet diese Publikation
in der Deutschen Nationalbibliografie;
detaillierte bibliografische Daten sind im Internet
über http://dnb.dnb.de abrufbar.

© 2018 Dagmar Braaksma
Illustrationen: www.istockphoto.com
Manuskriptcoaching und Lektorat:
text & kommunikation, katharina sieckmann,
Kontakt: 0160/ 966 39 833 oder ksieckmann@gmx.de
Satz, Umschlaggestaltung, Herstellung und Verlag:
BoD – Books on Demand

ISBN: 978-3-7460-7165-7

Inhalt

Vorwort

Unsere Zeit ist schnelllebig und stellt hohe Anforderungen an uns. Dazu kommt, dass wir von ungefilterten Informationen überflutet werden. Unser Körper mit seinem zentralen, vegetativen und dem Nervensystem des Darms und des Herzens ist dadurch zunehmend belastet. Immer mehr Menschen merken, dass ihnen das so nicht mehr guttut. Viele wissen auch schon, dass sie etwas verändern können und suchen nach Verbesserungsmöglichkeiten ihrer individuellen Situation und ihres körperlich-seelischen-Befindens. Wissenschaftler empfehlen, Stressfaktoren zu erkennen und zu verbannen und sprechen von „Entschleunigung, „Entstressung", „Informationseindämmung" oder gar von „Informationsdiät". Das sind Anzeichen dafür, dass wir uns für den Wandel, der uns sowohl in persönlicher als auch kultureller Hinsicht bevorsteht, bereit machen. Jede und jeder von uns ist dabei gefragt und kann sein Schicksal beeinflussen. Bist Du auch schon aufgewacht, hast keine Lust mehr zu warten und möchtest loslegen? (Ich benutze in diesem Buch die Du-Form als Anrede, weil sich herausgestellt hat, dass sich das Unterbewusstsein nur angesprochen fühlt, wenn es „DU" hört. Bei der Sie-Form hat es immer die Möglichkeit zu wählen, ob es selbst oder andere Personen gemeint sind.)

Aus diesem Grund ist es mir ein Anliegen DIR die 5A-Quantenheilung näher zu bringen. Die fünf immer gleichen Schritte und zwei grundsätzlich mit den Händen gefundene Punkte geben Dir ein einfaches Gerüst und Werkzeug, mit dem Du Dich und Dein Leben einfach und nachhaltig verändern kannst und dadurch Gestalterin und Schöpfer Deiner Realität wirst. Das Coole daran ist: Du bestimmst das Tempo. Du kannst die 5A-Quantenheilung leicht erlernen und umsetzen, wenn Du die Entscheidung getroffen hast, das Steuer Deines Lebens in Deine Hände zu nehmen. Strebst Du effektive und rasche Veränderungen in Deinem Leben an? Dann lade ich Dich in die Welt der 5A-Quantenheilung ein.

Ich wünsche Dir viel Freude beim Lesen, Kennenlernen und Ausprobieren meiner Methode!

Ein herzliches RockDeinLeben! Deine Dagmar Braaksma mit 5A

I. Wissenschaftliche Grundlagen der Energiearbeit

Stell Dir doch mal folgendes Szenario Deiner Gegenwart vor: Du kannst Dich selbst gesund machen, auch wenn Du -nach der heute noch vertretenen Meinung- angeblich eine unheilbare Krankheit hättest. Du kannst selbst genau den Wohlstand erschaffen, der Dich erfreut und der Dir alle Deine Träume -die materiellen und die immateriellen- erfüllt. Du weißt einfach, dass genug für alle da ist und jeder das verwirklichen kann, was seinen Vorlieben und Talenten entspricht. Da du Deine authentischen Fähigkeiten lebst, beeinflusst Du die Werte der Gesellschaft und trägst zum stetigen positiven Wandel bei. Und zwar immer von dem Punkt aus, an dem Du Dich befindest. Du brauchst nichts weiter zu tun, als auf Dich zu hören und herauszufinden, was Dir guttut. Du kannst sofort auf individueller, persönlicher Ebene und auf kollektiver, gesellschaftlicher Ebene positive Ergebnisse erzielen, weil Du jeden Tag Deinen Film von wundervollen Ereignissen, Gedanken und Gefühlen drehst, wodurch du Deine Wirklichkeit bestimmst. Da die anderen Menschen das auch so handhaben, sind sich alle einig, dass alles miteinander harmoniert und jede individuelle Erfüllung zum gemeinsamen sozialen Wohl beiträgt. Wäre das nicht der Himmel auf Erden?

Spirituelle Lehrer, Quantenphilosophen, immer mehr Wissenschaftler und Mentaltrainer postulieren genau diese gesunde, friedliche, liebevolle, spannende und begeisternde Gesellschaftsform. Vor allen Dingen nach der Meinung der Quantenphilosophen, die die Ergebnisse der Quantenphysik interpretieren und für unsere Gesellschaft verstehbar und anwendbar machen wollen, ist alles möglich, wenn wir konkrete Veränderungen auf der Quantenebene vornehmen.

Der Quantenphilosoph, Biologe und Quantenphysiker Dr. Ulrich Warnke erklärt uns den Mechanismus in einem Video, das man auf Youtube anschauen kann. Dort sagt er, dass unsere Ideen, Vorstellungen und Gefühle einerseits Materie erschaffen und andererseits in das große Feld aller Möglichkeiten eingespeichert würden, woraus sie wiederum jederzeit für die gesamte Menschheit und die nachfolgenden Generationen abrufbar seien. Seiner Meinung nach wäre das eine Verantwortung, die uns sogar gut täte, wenn wir davon wüssten. Er sagt weiter: „Wenn wir diesen Mechanismus kennen würden, dann würden wir, um uns selber nicht zu schaden, ein anderes Leben führen als das, was im Moment gesellschaftlich mehrheitlich anerkannt ist. Wir würden Gefühle investieren, die die Materie positiv schalten auch im Hinblick auf Heilung und Gesundheit und die uns dementsprechend auch mehr Freude bringen könnten." [1]. Wir würden unsere Lebenspraxis danach ausrichten, was uns individuell gut tut und Spaß macht, damit wir selbst und von den eingespeisten Informationen aller Menschen, die mit uns zur selben Zeit oder nach uns existieren, profitieren.

Die 5A-Quantenheilung setzt genau bei diesem Mechanismus zur Gestaltung der Lebensumstände an. Hierdurch wird Energie verändert und zwar auf Quantenebene. Die Energiearbeit wirkt spürbar auf uns selbst, nämlich auf das vegetative, zentrale und das Nervensystem des Herzens und des Darms und deshalb heilend auf den Körper ein. Gleichzeitig bestimmen wir unsere individuelle Realität und verstärken unsere Ziele. Dadurch wird auch das „kollektive Bewusstsein" positiv beeinflusst.

---

1   Dr. Ulrich Warnke //www.youtube.com/watch?v=IVhFhR_ISdw, 14'20''

I.1   Die Geschichte der Quantenheilung

Quantenheilung war zunächst „nur" –wie der Name schon sagt- eine alternative Heilmethode, die durch Veränderung auf Quantenebene für den Körper eine spontane Verbesserung herbeiführen kann. Bei näherem Hinschauen zeigt sich, dass durch die Anwendung der Quantenheilung sich auch die Energie im Umfeld wandelt und die individuelle Realität eine andere Gestalt bekommt. Quantenheilung ist in Europa unter dem Namen „Zwei-Punkt Methode" bekannt geworden. Mit der Hilfe von zwei grundsätzlich am Körper gefundenen Punkten, auf die entweder ein Behandler bei jemand anderem oder ein Anwender bei sich selbst seine beiden Hände auflegt, wird Energie verändert. Wenn wir diese körperliche Energie noch mit einem bewusst auf ein Thema bezogenen Begehren, Wunsch oder Ziel verknüpfen, erreichen wir eine Energie-Veränderung, die ich als den Düsenjet unter den Energiemethoden bezeichnen möchte. Wir können, nach den Ergebnissen der neuen Wissenschaften – wie zum Beispiel Epigenetik und Neurokardiologie, zu denen wir später noch kommen- jetzt verstehen, warum der Körper reagiert, wenn ihm die Hände aufgelegt werden oder auf andere Weise liebevolle Zuwendung gegeben wird.

Energiearbeit ist so alt, wie die Menschheit. Schon immer haben die alten Schamanen, Heiler oder Medizinmänner mit lichtvollen Energien gearbeitet. Sie haben dieses Wissen allerdings immer nur an ihre Nachfolger weitergegeben und es im Übrigen geheim gehalten. Auch in den christlichen Kulturen wurde und wird bis heute -allerdings vornehmlich von dafür bestimmten Menschen- energetisch gearbeitet. Oder was ist es anderes als Energiearbeit, wenn in der Kirche der Segen erteilt wird?

Im ersten Jahrzehnt dieses Jahrhunderts öffneten sich Schamanen alter Heilweisen, namentlich der hawaiianischen Huna-Heilweisen, der übrigen Welt. Dadurch wurden die alten Energietechniken für die breite Öffentlichkeit wiederentdeckt.

Zunächst entwickelten die Amerikaner Richard Bartlett und Dr. Frank Kinslow unabhängig voneinander die Zwei-Punkt-Methode zur Quantenheilung fort. Ab ca. 2008 schwappte die Quantenheilungs – Energie-Welle nach Europa. Als einer der ersten in Deutschland kreierte Günther Heede mit seiner Frau Bärbel eine verfeinerte Quantenheilung aus mehreren Modulen, die „Matrix-Inform" heißt.

Die 5A-Quantenheilung basiert einerseits auf dieser Methode, andererseits vor allen Dingen auf der Mental-und Intuitionsschule „Erfolgreich Wünschen" von Pierre Franckh. Ergänzend sind viele Ideen eingeflossen, allen voran die seelisch- psychologischen Gründe körperlicher Blockaden von Louise Hay, gefolgt von dem Positiv-Fühlen-Prinzip von Bodo Delitz, Reconnective Healing von Eric Pearl oder dem Emotion Code von Bradley Nelson. Aus diesem Blickwinkel ist die 5A-Quantenheilung der Schlüssel, der in allen Situationen des täglichen Lebens ganz spielerisch eingesetzt werden kann.

I.2 Entstehung der 5A-Quantenheilung

Bewusst mit Energie zu spielen habe ich gelernt, als ich am Tiefpunkt meines Lebens angekommen war: Geschieden, alleinerziehend, von Krankheit zermürbt, beruflich erschüttert und finanziell total unsicher, war ich vollkommen erschöpft und grübelte, wie es weitergehen könne. Fast hätte ich mich schon aufgegeben. Mir ging es körperlich und psychisch so schlecht wie noch nie vorher.

Über einen langen Zeitraum von ungefähr sieben Jahren hatte ich immer wieder an Bronchitis, Zahnschmerzen vom Zähneknirschen, mittel- bis schweren Depressionen und dann noch einer Serie von Hörstürzen gelitten. Als verbeamtete Führungskraft in einer großen Verwaltung hatte ich schon so etwas wie eine erfolgreiche Karriere geschafft. Ich war gut angesehen und erfüllte brav meine Pflichten. Zuverlässig tat ich Tag für Tag, was von mir erwartet wurde und kümmerte mich außerdem um meine Familie. Aus heutiger Sicht muss ich wohl leider sagen, dass ich größtenteils „funktioniert" habe, auch wenn ich das damals nicht wahrhaben wollte. Nach außen hin war ich einfach energiegeladen, temperamentvoll und witzig. Das Innere stimmte dann aber irgendwie nicht mehr mit den äußeren Verhaltensweisen und Umständen überein. Ich fiel extrem oft aus in meiner Führungsposition. Bald hatte ich gar keinen emotionalen Zugang mehr zum Tagesgeschehen. Trotzdem ging ich pflichterfüllend nach jedem Hörsturz wieder hin und versuchte, stark und kompetent zu sein. Erst der siebte Hörsturz ließ mich endlich aufhorchen, dass grundsätzlich etwas nicht stimmte

Als ich im Bett lag und nichts mehr konnte, noch nicht mal mehr aufstehen, um mir etwas zu essen zu holen, traf ich eine dramatische Entscheidung:

Da gehe ich niemals wieder hin!
Ich kümmere mich ab sofort darum, wie ich vollständig
gesund,
fröhlich,
energiegeladen,
handlungsfähig und
endlich glücklich werde!

Nachdem ich so die beginnende Selbstaufgabe überwunden hatte, bohrte sich ein Satz, kontinuierlich in mein Hirn:

Ich will endlich wieder rocken!
Ich will rocken,
ich will überhaupt mein Leben rocken.

Das war die Geburtsstunde meines Mottos „**RockDeinLeben**".

Mir liegt deshalb so viel daran, weil ich dieses für immer als zentralen Wendepunkt meines Lebens empfinde.

Nach meiner langen Krankengeschichte und den Erfahrungen aus den anderen Hörstürzen wusste ich zu diesem Zeitpunkt nur eines: Ich wollte auf keinen Fall in einem Krankenhaus behandelt werden. Ich wollte kein Kortison nehmen und im Grunde wollte ich auch keinen Arzt konsultieren. Ich lag also im Bett auf meinem linken Ohr, weil die Bettwärme etwas von dem unangenehmen Gefühl nahm und ließ meinen Gedanken freien Lauf. Aus dieser unerfreulich horizontalen Position heraus besann ich mich wassertrinkend auf mein geliebtes, im Alltag aber in Vergessenheit geratenes Mentalcoaching, das ich bei Pierre Franckh gelernt hatte. Ich war doch schließlich Erfolgreich-Wünschen-Coach geworden und hatte mir bereits viele materielle und Herzens-Wünsche unter Anwendung der Wunschregeln erfüllen können. Auch „Die Kraft der Gedanken" nach Ralf Bihlmeier und das Robert-Betz- Seminar „Dem Leben eine andere Richtung geben" hatten Veränderungsprozesse in Gang gesetzt. All dieses Handwerkszeug musste doch irgendwie auch für meine Gesundheit von Nutzen sein.

Ich kramte deshalb in meiner Erfahrungsschatzkiste und probierte Verschiedenes aus. Ich erfand Gesundungs-Affirmationen, sprach gebetsmühlenartig positive Befehle nach Louise Hay, praktizierte Achtsamkeitsübungen, Meditationstechniken und „Positives Fühlen" nach Bodo Deletz. Ich spürte schon eine leichte Verbesserung meines Zustandes! Aber den richtigen Durchbruch erzielte ich erst, als ich regelmäßig jeden Tag strukturiert fünf aufeinanderfolgende Schritte aus den Mentalcoachings einhielt und gleichzeitig meine Hände an zwei verschiedenen Punkten meines Körpers auflegte.

Damit waren die Elemente der 5A-Quantenheilung geboren. Damals war mir noch nicht klar, dass die 5 Schritte einen Namen bekommen würden und dass ich die Zwei-Punkt-Methode der Quantenheilung praktizierte. Es fühlte sich einfach richtig und stimmig an und hatte deutlich positive Auswirkungen auf meinen Gesundheitszustand.

Ich habe es geschafft mein Ohr, das fast taub war, Hyperakusis und Tinnitus hatte, innerhalb von 14 Tagen zu heilen und zwar nur mit geistig-körperlicher Energiearbeit und etwas Homöopathie. Mein Ohr ist seitdem mein Indikator für Stresssituationen, die ich verändern sollte. Mir gelingt es immer mehr, auf mich zu achten und dank der 5A-Quantenheilung auf meinen Alltag wunschgemäß einzuwirken. Sollte doch nochmal etwas unrund laufen, weiß ich, dass ich mich vernachlässigt habe und schleunigst etwas für mich verbessern darf. Ich habe aufgehört, in anderen oder gar den äußeren Umständen die Ursache oder die Schuld für meine Situationen, Gesundheit oder Gefühle zu sehen. Seit ich die volle Verantwortung für mich übernommen habe, ist mein Leben unglaublich leicht und bereichernd geworden. 5A-Quantenheilung ist einfache Energiearbeit, die auch Dich beflügeln kann.

I.3   Die Zwei-Punkt-Methode

Wir alle betreiben jederzeit und überall Energiearbeit. Wir nennen es nur Wille, Denken, Bewerten, Fühlen oder Handeln. Je nach dem, was wir wollen, gedacht haben, wie wir bewerten oder fühlen und danach handeln, ändern wir etwas in uns und in unserem Umfeld. Ob das immer dem entspricht, was wir erwartet haben, ist damit nicht geklärt. Doch entsteht Veränderung, auch wenn diese nur in Nuancen bemerkbar ist. Das ist Arbeit mit Energie.

Schon Max Planck –der Urvater der Quantenphysik und Nobelpreisträger von 1918–stellte fest: „Es gibt keine Materie an sich, alle Materie entsteht und besteht nur durch eine Kraft, welche die Atomteilchen in Schwingung bringt."

Auf meine obige These angewandt bedeutet das: Wille, Gedanken, Bewertungen, Gefühle und Handeln sind eine Kraft, die durch Energie (Schwingungen) etwas verändert (Atomteilchen).

Wenn das so ist, wäre es doch theoretisch ganz einfach, sein Leben wunschgemäß zu gestalten. Denn wir bräuchten nur zu beobachten, was wir denken und fühlen und unsere Überzeugungen dahin zu berichtigen, dass unser Handeln folgerichtig den gewollten Erfolg erzielt. Und in der Tat ist das nicht nur theoretisch so, sondern praktisch auch. Unsere tägliche Übung ist allerdings noch nicht so weit, dass jede und jeder von uns Verantwortung für alles übernimmt, was ihr oder ihm geschieht, oder wie sie oder er sich fühlt. Verantwortung ist hier in einem positiven Sinn gemeint. Das heißt: Ich gehe – um es mal abgrenzend zu formulieren- in einem NICHTJURISTISCHEN Sinn davon aus, dass ich für alles in meinem Leben eine Ursache setze, die dann eine Wirkung hat und zwar zunächst bewertungsfrei. Verantwortung spiegelt einfach nur die Tatsache, dass ich erschaffe. Wenn ich also etwas erschaffen habe, das -nachdem es nun meiner Bewertung unterlegen hat- ich als negativ empfinde, kann ich ohne Schuldgefühle zu entwickeln, andere Ursachen mit anderen Wirkungen setzen. Das ist sozusagen eine göttliche Eigenschaft, weil ich bestimme, was mir geschieht und wie es mir geht. Allerdings haben wir noch nicht gelernt, uns als Göttin oder Schöpfer zu betrachten. Wenn du das machtest, könntest Du alles, was Dir nicht gefällt, sofort positiv ausrichten und das, was Du schön findest, so beibehalten oder noch schöner machen.

Für alle, die jetzt denken: Ja, ja, schön wär' s, das ist vielleicht spirituell vorstellbar aber weit hergeholt, habe ich einen Vorschlag: Der Vorschlag bezieht sich darauf, jetzt die körperliche Zwei-Punkt- Methode einfach mal auszuprobieren, um herauszufinden, ob für Dich eine fühlbare Veränderung entsteht, das heißt, ob Du etwas erschaffst:

Zwei-Punkt-Methode bedeutet körperliche Energiearbeit, indem Du den zwischen Deinen beiden Händen ent- und bestehenden Energiestrom nutzt, um die vorhandene Energie in Dir und um Dich herum positiv zu verändern. Du kannst so auch andere behandeln. Im Gegensatz zum Reiki bist du nicht Kanal für die Energie, du schickst auch keine Energie oder fixierst Wünsche oder Ziele. Mit der „Handarbeit" bringst du nur die vorhandene Energie in eine andere Schwingung.

Du gibst sozusagen den Möglichkeiten, die auf Quantenebene bestehen, einen ANSCHWUNG, um in die Realität zu wechseln:

Als erstes brauchst Du einen Stuhl oder etwas, auf das du Dich eventuell setzen kannst, wenn du auf den ANSCHWUNG reagierst.

Die Anwendung der Zwei-Punkt-Methode sollte grundsätzlich im Stehen erfolgen, weil Veränderungen eindeutiger bemerkt werden können. Die Reaktionen können vom Lachen zum Weinen, von Schweißausbrüchen zu Schüttelfrost, vom leichten Schwanken zum Umfallen reichen. Aus letzterem Grund solltest Du Dich oder jemanden, den Du behandelst, immer durch einen Stuhl nach hinten absichern.

In diesem Moment geht es um nichts anderes, als festzustellen, dass Du etwas bewirkst, wenn Du die Zwei-Punkt- Methode anwendest. Sei nur offen dafür, etwas zu bemerken. Wenn Du nichts bemerkst, ist es auch egal. Dann ist es eben nur nicht anders als vorher. Du musst ja nichts fühlen, du darfst. Die Bereitschaft für die Möglichkeit, dass eine Veränderung eintreten könnte, kann Dich lediglich in Deinem Glauben an Deine Göttlichkeit bestärken.

Wenn Du nun mit dem Rücken zum Stuhl vor diesem stehst, legst Du Dir eine Hand auf eine Stelle Deines Körpers, die Deine Aufmerksamkeit anzieht, z.B. weil sie weh tut, juckt, zwickt oder einfach nur beachtet und berührt werden möchte. Wenn Du jemand anderen behandelst, legst Du die Hand auf eine Stelle, zu der du intuitiv geführt wirst. Mit der anderen Hand suchst Du einen zweiten Punkt, der sich anbietet. Meistens wird das ein Punkt sein, der sich gesund und ausgeglichen anfühlt. Detektormäßig spürst Du den zweiten Punkt auf, indem Du Deine noch freie Hand über Deinen Körper gleiten lässt. Du brauchst Deinen Körper dabei nicht zu berühren. Spüre nur nach, wo Deine Hand liegen bleiben möchte. Wenn beide Punkte gefunden sind, verbindest Du sie gedanklich unter den Händen. Wir bemerken die Energie, die zwischen den beiden Händen fließt. Beide Hände sollten sich gleichmäßig energetisiert anfühlen. Merkst Du das bereits? Mache dies so lange bis du den Energiestrom nachvollziehen kannst. Du lässt die Hände solange auf den gefundenen Punkten liegen, bis du dieselbe Intensität in jeder der Handinnenflächen fühlst, z.B. die gleiche Wärme, das gleiche Kribbeln, Brennen oder Jucken. Wie geht es Dir jetzt? Spürst Du wie die Energie fließt?

Durch die Konzentration auf die Verbindung zwischen beiden Händen schaffst Du einen energetisierten Raum, der eine nahezu meditative Ruhe ausstrahlt. Empfindest du diese innere Mitte bereits? Nimmst du wahr, wie sich Dein Nervensystem harmonisiert? Was genau passiert, brauchst Du nicht zu wissen, es geht nur darum zu erleben, dass Änderung geschieht.

Je nachdem, ob wir uns selbst oder jemand anderem die Handenergie zu Teil werden lassen, stoßen wir die Energie desjenigen an, dem der ANSCHWUNG gilt. Das bedeutet, dass wir uns in der Eigenanwendung mit uns selbst verbinden, während in der Fremdanwendung die Behandelten mit sich selbst verbunden werden.

In dem Moment, in dem dieselbe Energie zwischen den beiden Händen zu spüren ist, lässt Du die Hände los und denkst oder sagst: „ANSCHWUNG". In dieser kleinen Aktion kommen mehrere Aspekte zur Geltung und zum Ausdruck. Du manifestierst hier eine Absicht zur Energieverbesserung Deiner Situationen. Dabei ist es gleichgültig, ob körperliche, psychische oder Elemente, die in Deinem Umfeld sichtbar sind, verbessert werden sollen. Allein die allgemeine Intention zur positiven Energieveränderung reicht bereits.

Mit dem so vorgenommenen ANSCHWUNG atmest Du gleichzeitig aus. Hierdurch erreichst Du einen mentalen und körperlichen Abstand zu der Behandlung und machst den Weg für die Energieveränderung frei. Es ist, als ob Du Dir oder jemand anderem, der auf einer Schaukel sitzt, den ersten ANSCHWUNG gibst und damit den Impuls für weitere selbstständige Energieverbesserung setzt.

Die technische Seite ist insoweit erledigt. Bleibt nur noch, nachzuspüren, was mit Dir geschieht. Schwankst Du ein wenig, fällst Du um, musst Du lachen oder weinen, frierst oder schwitzt Du? Oder hast Du merkwürdige Bilder oder skurrile Gedanken? Genieße das, was kommt. Und stell ruhig die Verbindung her zwischen Deiner Hände Arbeit und den spürbaren Veränderungen. Das sind tatsächlich Reaktionen auf die Energieimpulse, die Du gesetzt hast. Du hast damit eine Erfahrung gemacht, die dir zeigt, dass Du Energie verändern kannst. Wie gefällt dir die Vorstellung, dass Du so mächtig bist, Schwingungen zumindest erstmal in Dir zu verändern?

Da es sich um Energiearbeit handelt, brauchst Du die Hände nicht tatsächlich aufzulegen. Es fließt auch dann die Energie, wenn Du ohne Berührung die Punkte in Deinem Körperfeld findest. Du kannst das Wort ANSCHWUNG dann mit einer kurzen Aufwärtsbewegung der Hände unterstützen, um mental und körperlich loszulassen. Oder Du stellst Dir einfach nur vor, wie Du einen ANSCHWUNG gibst. Allein die Vorstellung wird etwas verändern. Denn dann sind die Bilder und Gedanken die Kraft, die die Schwingungen verändern. Erinnerst Du Dich an die Aussage von Max Planck? Wie sind jetzt Deine Eindrücke von Deiner Arbeit?

Kannst du, wenn Du es noch nicht annehmen konntest, jetzt etwas mehr akzeptieren, dass du (göttliche) Schöpferkraft besitzt? Dadurch dass Du Energiearbeit betreibst, hast Du Deine Erfolge im wahrsten Sinne des Wortes in Deiner Hand, wenn du körperlich Energie benutzt. Wenn Du irgendwann geübt bist, wird Deine Energie gleichzeitig durch mentale und körperliche

Vorgänge so verändert werden, dass Du Dein Leben nur noch rockst! Je bewusster Du Deine Energie veränderst, desto eindeutiger wirst du Deine Ziele erreichen.

Nach einer Anwendung fühlst Du Dich höchstwahrscheinlich leichter und freier, wodurch neuen Wegen im Leben der Boden bereitet wird, die wiederum mit Anschwüngen unterstützt werden können. Bewusstes Selbstcoaching, Selbstmanagement und aktiv gestaltete Selbstheilung sind sowohl für uns selbst, als auch für die Behandelten die unmittelbare Folge.

Abgesehen davon, was Du gerade erlebt hast, habe ich noch eine exorbitante Nachricht für Dich, die sämtliche Restzweifel an Deiner Eigenmacht, also daran dass du wirklich alles selbst hervorrufst und schaffst, was Du erlebst, beseitigen und Dich gänzlich für Deine eigene „Göttlichkeit" öffnen sollte.

I.4 Fünf wissenschaftliche Disziplinen – Indizien für individuelle Gestaltungsmacht

Es gibt mittlerweile viele Wissenschaftszweige, die daraufhin untersucht werden könnten, was sie an Bestätigungen für die oben vertretene These der individuellen „Göttlichkeit" enthalten. Ich stelle Dir im Folgenden die fünf Disziplinen vor, die mir am wichtigsten erscheinen.

Bevor ich diese aufschlussreichen Details erläutere, möchte ich Dir gerne noch den

Grund dafür nennen, was es bei mir eigentlich mit der Zahl 5 auf sich hat. Sie kommt ja auch in der 5A-Quantenheilung vor und findet sich meistens in der Struktur meiner Seminar-Konzepte und auch dieses Buches wieder. Und das kam so:

Lange habe ich mit meinem angeheirateten Nachnamen gehadert: Bei der Hochzeit wurde aus mir, Dagmar Unverferth, plötzlich und gegen einige innere Widerstände Dagmar Braaksma. Für mich klang das immer ein bisschen so, als ob ein Breitmaulfrosch vor sich hinquakt: Daaagmaaaar Braaaaaksmaaaaa. Auch weil viele stutzten, wenn sie meinen Namen hörten, fühlte ich mich oft nicht ganz wohl damit.

Eines Tages traf es mich wie ein Blitz: Egal was passieren würde, schon wegen meiner Kinder würde ich diesen Namen immer (er)tragen. Mit diesem Namen würde ich nun alt werden! Das war für mich eine Bombenerkenntis. Getreu der Devise: „Was mich nicht umbringt, macht mich nur stärker", trat ich die Flucht nach vorne an und stellte mich fortan überall lächelnd mit: „Ich bin Dagmar Braaksma mit 5A vor". So nahm ich allen Spöttern den Wind aus den Segeln und konnte mir Gedanken darüber machen, ob es nicht doch auch etwas Positives an diesem Namen für mich geben könnte.

Die Gedanken über meinen Namen haben mich so inspiriert, dass mein kreatives Potenzial geweckt wurde und mir eingefallen ist, wie ich mich mit diesem Namen versöhnen und ihn mir zu eigen machen konnte. Inzwischen identifiziert mich der Name Braaksma gleichzeitig als Mutter von zwei mittlerweile erwachsenen, selbstständigen Kindern, als aktives Bindeglied zu dem den Familiennamen hergebenden, treu sorgenden Vater, aber auch als Schwester, Rock-Sängerin, Texterin, Komponistin, Coachin, Heilpraktikerin für Psychotherapie, Schriftstellerin, Lebens-Künstlerin, Freundin- kurz: Als authentische Frau mit einem Namen, der auch als Künstlername taugt.

Folge dieser äußerst effektiven Wandlung ist, dass die 5As in unterschiedlichster Ausprägung mein Leben positiv beeinflusst haben und dieses fortwährend tun!

Die Zahl 5 ist im Übrigen aus numerologischer Sicht die Zahl der Liebe und des heilsamen Bewirkens. Sie verkörpert das bedingungslose Lieben. Darüber hinaus werden der Zahl 5 Verantwortungsgefühl, Helfen, Heilen, Dienen, Sinn des Lebens, Religion und Wärme als allgemeine Bedeutung zugemessen.

So passt diese Zahl auch hervorragend zu der nicht nur von mir vertretenen These, dass Schöpferkraft , Selbstheilungsvermögen und Gestaltungspotenzial in uns allen steckt, die einfach frei gesetzt werden dürfen, um erfolgreich, erfüllt und gesund zu leben.

Als ich vor ca. 12 Jahren, anfing, mich für „Realitätsgestaltung", z.B. mit „Erfolgreich Wünschen" oder „Positiv Fühlen" zu begeistern, musste ich mich noch damit begnügen, Erfahrungsberichten von Erfolgs- und Veränderungsgeschichten Glauben zu schenken. Mir blieb nichts anderes übrig, als selbst zu testen, ob die Tipps zur Lebensverbesserung auch bei mir wirkten. Das war oft der Fall.

Dennoch brauchte ich Übung und Vertrauen, weil sich immer wieder Zweifel in den Weg stellten, auch wenn viele Wünsche bereits wie gewollt in Erfüllung gegangen waren. Deshalb wollte ich selbst unbedingt erforschen, was die Gründe waren, warum mir manches gelang und manches nicht. Ich wollte mich zur Expertin für den Nachweis weiterentwickeln, dass wir alle, immer und in allen Bereichen, „SchöpferInnen" unserer Realität sind.

Mein Wissensdurst war enorm: Hirnforschung, Neurokardiologie, Epigenetik, Positive Psychologie und Quantenphilosophie. Ich las ein Buch nach dem anderen, saugte Wissen auf und hinterfragte Ergebnisse. Ich brachte sie mit dem bereits Gelernten in Einklang, stellte Zusammenhänge her und was entstand war der wissenschaftliche Unterbau für meine 5A-Quantenheilung.

Du kannst in jeder Sekunde durch Energieveränderung den positiven Wandel in Deinem Leben kreieren. Durch diese enorme Gestaltungsmacht bist du eben einfach „göttlich". Dafür haben auch die fünf Wissenschaftsdisziplinen

- Hirnforschung,
- Neurokardiologie,
- Positive Psychologie,
- Epigenetik und
- Quantenphilosophie

jede Menge Indizien parat, auf die ich im Folgenden eingehe.

I.4.1 Hirnforschung

Als Mental-Trainingsmethode basiert die 5A-Quantenheilung natürlich auf den Ergebnissen der Hirnforschung. Diese hat festgestellt, dass das Gehirn mindestens 60.000 Gedanken am Tag produziert. Bei dieser Menge liegt es auf der Hand, dass sie uns nicht alle bewusst sein können. Wenn wir uns also nicht trainieren, die Gedanken, die wir haben, zu bemerken, verschwenden wir sehr viel Zeit damit, gute Gedanken ungehört verschwinden zu lassen, denselben Gedanken immer zu wiederholen oder oft unbemerkt negativ zu denken. Unser Gehirn ist ein hochentwickeltes Gebilde. Durch bildgebende Verfahren wissen wir inzwischen, wo im Gehirn bestimmte Gedankenprozesse stattfinden. Alle unsere Sinneseindrücke werden als Gedanken im Gehirn verarbeitet. Was wir hören, sehen, riechen, schmecken und fühlen, ist im Gehirn sichtbar. Daraus ergibt sich, dass Energie in Form von elektromagnetischen Schwingungen produziert wird, wenn wir denken. Das heißt: Hier liegt (Gedanken-)Energie vor, die verändert werden kann!

Es gibt zum Beispiel inzwischen Belege dafür, dass das Denken an Sex, Tanzen und Drogen dieselben Hirnregionen- und zwar die Belohnungszentren-stimuliert. Bevor wir also Drogen nehmen, um uns gut zu fühlen, sollten wir lieber eine Lieblingsmusik anmachen und tanzen. Sich sexuell zu betätigen ist natürlich auch ein Weg. Wenn niemand als „Sparring-Partner" zur Verfügung stehen sollte, ist es auf jeden Fall gesünder und erfolgsträchtiger, allein zu tanzen oder sich zu lieben, als Drogen zu nehmen- das leuchtet ja wohl ein. Ein Grund, warum meine Seminare mit Musik stattfinden, ist, dass wir diese „Belohnungsregionen" ankurbeln= triggern, so dass gute Gefühle entstehen und Gedanken sich positiv verändern können. Manchen Teilnehmern ist es zuweilen peinlich in Seminaren zu tanzen oder zu singen. Ich lade dennoch alle immer wieder ein, am eigenen Leib zu spüren, wie sich allein durch Musik und Bewegung eine Stimmungsänderung einstellt. Wenn sie das einmal erfahren haben, werden sie häufig experimentierfreudiger, ihren Alltag selbstbestimmt zu gestalten.

Bekannt ist inzwischen auch, dass für gewohnheitsmäßige Handlungen automatisierte Gedankenabläufe benötigt werden, die wir nicht mehr bewusst registrieren. Diese „Gewohnheitsgedanken" bilden starke Nervenstränge im Gehirn und werden aktiviert, wenn wir die dazugehörige Handlung (wie z.B. den Schaltvorgang beim Autofahren) ausführen. Das unbemerkte Denken und die Handlung sind verknüpft. Das geht manchmal soweit, dass Handlungen ausgeführt werden, ohne dass wir hinterfragen, ob sie noch sinnvoll sind.

Eine solche mögliche Verknüpfung kann zum Beispiel sein, dass ich, weil ich einmal während der Arbeit Hunger hatte, mir immer, sobald ich am Computer arbeite, mir etwas zu essen bereit stelle. Gewohnheitsmäßig kommt es dann dazu, dass ich am Computer immer etwas esse, auch wenn ich gar keinen Hunger habe. Der Anblick des Computers löst nach einer gewissen Zeit das Bedürfnis aus, etwas essen zu wollen. Das nennt man Konditionierung und ist ein Beispiel dafür, dass wir einige der 60.000 Gedanken unbewusst mit bestimmten Gefühlen und Handlungen verknüpfen.

Indem wir uns die Gründe unserer Handlungen öfter mal bewusst machen, also auf unsere Gedanken und Gefühle achten, können wir diese beeinflussen und andere, neue Verhaltensweisen kreieren. Dadurch werden andere Hirnareale angesprochen, die starken Nervenbahnen mit neuen Informationen umwickelt und demzufolge auch andere Körperreaktionen und Gefühle ausgelöst. Diese Kenntnisse hat sich die Verhaltenstherapie zu Eigen gemacht. Durch erzwungene Veränderung von gewohnten Verhaltensweisen werden die Personen neu konditioniert und z.B. von ihrer Höhenangst geheilt. Es gibt damit eine Wechselwirkung zwischen Verhalten und Gehirnstromveränderung. Das Bemerken von Gedanken und Gefühlen ist also Voraussetzung für eine physische Veränderung im Gehirn.

Die größte Entdeckung der Hirnforschung in den vergangenen Jahren war die sogenannte „Verifizierung der adulten Neurogenese", also dem Beweis, dass sich das Gehirn auch im Alter noch verändern kann, dass der Mensch also immer lernfähig ist. Jahrzehnte lang glaubte man, dass im Gehirn des Erwachsenen eine Neubildung von Nervenzellen nicht möglich sei. Die Wissenschaft ging davon aus, dass nur bei Kindern bis zu einem Alter von 12 Jahren sich immer wieder neue Nervenzellen im Gehirn bilden. Das stimmt nicht. Zumindest im Hippocampus, der Region, die für das Lernen und Erinnern zuständig ist, haben die Hirnforscher die sogenannte „lernabhängige Plastizität" nachgewiesen. Unser Gehirn ist ein Organ, „das sich selbst ununterbrochen umbaut, und zwar in einer Art und Weise, dass es Umwelterfahrungen in sich integrieren kann, also den Speicher für Gedächtnis in sich selbst schaffen kann."[2]

Meiner Meinung nach bedeutet das, dass wir, wenn wir bewusst lernen, etwas Anderes zu denken, direkt auf unser Nervensystem einwirken und physische Veränderung des Gehirns und damit unseres Körpers, unserer Gefühle und unserer Verhaltensweisen erreichen können.

---

2   Onur Güntürkün in „Die Zeit" 04/15 vom 16.06.2015: In Gedanken bei den Vögeln, S. 3-5.

Auch das Zusammenspiel der einzelnen Hirnteile ist mittlerweile zum großen Teil entschlüsselt. Dadurch ist es möglich, bewusst zu verändern, was im Verborgenen abläuft. Nach der historischen Einteilung des Gehirns gibt es drei Areale, die miteinander kommunizieren: das Stammhirn, das Limbische System (Emotionalhirn) und den Neocortex (Großhirn). Unter funktionalen Gesichtspunkten sind diese drei Hirnteile mit drei aufeinanderfolgenden Ebenen gleichzusetzen. Das Stammhirn steuert als erste Ebene die instinktiven Reaktionen, zum Beispiel den Flucht-oder Kampfreflex. Diese Ebene ist mit den vegetativen Aufgaben des Körpers verbunden. Die zweite Ebene, das limbische System, das hauptsächlich aus Thalamus, Amygdalla und Hippocampus besteht, verarbeitet Emotionen und Erinnerungen. Der Neokortex ist entwicklungsgeschichtlich gesehen die jüngste Ebene, die für die kognitiven Fähigkeiten, also Denken, Planen, Analysieren Verstehen und Schlussfolgern, zuständig ist.[3] Wenn Kommunikation stattfindet, kann es auch zu Missverständnissen kommen. Diese gilt es zwischen den einzelnen Hirnteilen zu verhindern oder zu beseitigen, damit wir uns selbst nicht ins Chaos manövrieren, weil wir uns im Gefühlsstress befinden oder gar nicht mehr wissen, was nun wichtig oder zu tun ist.

Wird z.B. das Limbische System angesprochen, weil uns etwas Angst macht, fängt das Großhirn die Impulse auf und nimmt eine Bewertung vor. Je nach Bewertung entscheiden wir, ob wir fliehen, kämpfen oder erstarren oder ob wir entspannen. Was das Großhirn als so gefährlich einschätzt, dass wir fliehen oder kämpfen müssen, hängt von unseren Erfahrungen, Erinnerungen und Überzeugungen ab. Diese wiederum sind Gedanken, die uns gewohnheitsmäßig in die Gefühle bringen, die mit der bereits vergangenen Situation zusammenhingen, jedoch mit der gegenwärtigen nichts mehr zu tun haben. Diese

---

3   Siehe Dr. Susanne Marx: HerzIntelligenz kompakt. VAK Verlags GmbH, 2010, S.56.

Missverständnisse können in einem Training daraufhin überprüft werden, wie sie verändert werden sollten, um z.B. Angst zu beseitigen. Der Ablauf, der in den Hirnteilen vor sich geht, sieht immer gleich aus: Situation-Gedanke, Bewertung, Gefühl. Auf diesem inneren Ablauf beruhen dann unsere Handlungen. Wir dürfen uns also klar machen, dass unsere Gefühle bewertete Gedanken zu bestimmten Fakten sind. Wir müssen nichts Anderes tun, als unsere Bewertung der Fakten zu ändern, um ein Gefühl zu erschaffen, das uns ausgeglichen sein und das Chaos gar nicht erst entstehen lässt. Wir ändern unsere Überzeugungen, die ja Bewertungen sind, um authentisch zu sein und immer mehr entsprechend zu handeln.

Die nächste sensationelle Entdeckung der Hirnforschung waren die Spiegelneuronen. Dieses weit verzweigte System von speziellen Nervenzellen in unserem Gehirn, macht es möglich, andere Menschen auch ohne Worte zu verstehen. Durch diese besonderen Zellen gehen wir in Resonanz mit den Körperzuständen oder Gefühlen eines anderen, wenn wir ihn beobachten. Es entsteht Empathie. Wie alle Nervenzellen müssen aber auch diese benutzt werden, um nicht zu verkümmern. Durch den Verstand werden Gefühle oft unterdrückt, sodass die Empathie verloren gehen kann.

Bei Unterstützung dieser Spiegelneuronen durch z.B. Beobachtungstraining können wir wieder leichter lernen, mehr aufnehmen, besser kommunizieren, und schnellere Ergebnisse für unsere Ziele erreichen.

Hier spielt auch noch die Denkweise der beiden Großhirnhälften eine Rolle. Zwar ist eine glasklare Trennung, in welcher Hirnhälfte welche Prozesse ablaufen-entgegen der populärwissenschaftlichen Auffassung- nicht möglich. Dennoch ist festzustellen, dass in der linken Hirnhälfte mehr analytische Denkvorgänge angesiedelt sind, während die rechte mehr in Bildern denkt und für die Verarbeitung der Gefühle (siehe oben) zuständig ist. So gesehen können wir sagen die linke Hirnhälfte arbeitet seriell, also nacheinander und die rechte parallel, also viel schneller. Um volles Potential entfalten zu können, ist es wichtig die linke und rechte Gehirnhälfte gut zu vernetzen, damit die Bilder und Gefühle in Sprache übersetzt werden und auch zum Ausdruck kommen können. Dieses ist in unserer Gesellschaft etwas vernachlässigt worden, sodass zum Beispiel unsere Gefühle nicht wirklich kommuniziert werden. Wir haben einfach keine Übung. Wenn Du aber willst, kannst Du üben das zu ändern.

Menschliche Gedanken sind mit den materiell-energetischen Prozessen im Gehirn verbunden. Sie sind reine Energie. Mit unseren Gedanken beeinflussen wir sowohl unsere Körperfunktionen als auch unser soziales Umfeld. Zeigte man z.B. Probanden Fotos von Gewalt, konnte man die Orte im Gehirn ausmachen, die durch die Gedanken aktiviert wurden und gleichzeitig bzw. sogar schon vorher eine beschleunigte Herz- und Pulstätigkeit feststellen. Mehrfach wurde nachgewiesen, dass sich die Gehirne von Menschen während eines tiefen Gesprächs soweit synchronisieren, bis die Gehirnwellen völlig identische und deckungsgleiche Muster aufweisen.[4]

I.4.2   Neurokardiologie

Schon seit den 1990iger Jahren gibt es Bestrebungen, zweigübergreifend zu forschen und die strenge Trennung zwischen einzelnen Wissenschaftsdisziplinen zu überwinden. Aus der Zusammenarbeit von **Neurobiologen**, die den genauen Aufbau und die Funktionsweise des Nervensystems untersuchen und Kardiovaskulärforschern, die sich mit dem Gefäßsystem

---

4   www.sein.de/das-herz-unser-zweites-gehirn

des Herzens beschäftigen, ging die neue Disziplin Neurokardiologie hervor. Diese hatte die bahnbrechende Erkenntnis, dass neben dem eigenen Nervensystem des Darms ein intrinsisches Nervennetzwerk im und um das Herz herum besteht. Nach ausgedehnten Forschungen stellte einer der Pioniere der Neurokardiologie, Dr. J. Andrew Armour, schon 1991 das Konzept eines funktionellen „Herzgehirns" vor.

Etwa 40 000-50.000 Neuronen befinden sich im Herzsystem und kommunizieren mit dem Gehirn. Es laufen dabei mehr Nervenbahnen vom Herzen zum Hirn als umgekehrt.

Man sagt zum Beispiel: „Mir wird das Herz schwer", „Mein Herz hüpft vor Freude", „Das gibt mir einen Stich ins Herz" oder Ähnliches. Diese Redewendungen werden nicht nur so daher gesagt. Das HeartMath-Institut (The Institute of HeartMath, Boulder Creek, CA, USA), das 1991 von dem Stressforscher Doc Childre gegründet wurde, befasst sich als gemeinnütziges, wissenschaftliches Forschungszentrum vornehmlich mit der Fragestellung, wie das physische Herz mit dem Körper kommuniziert und dessen ganzes System beeinflusst. Seine Untersuchungen und Messungen[5] lassen den Schluss zu, dass Emotionen zuerst im Herzen gefühlt werden und dann das Hirn zum Denken anregen. Denn Signale des Herzens werden einen Moment eher gemessen, als die Reaktionen des Gehirns (z.B. beim Betrachten von Fotos)[6]. Die Impulse werden vor allen Dingen über das neuronale System des Herzens an das Stammhirn über die Medulla oblongata, das verlängerte Mark, das die Verbindung zwischen Gehirn und Rückenmark herstellt, in das Emotionalhirn an die sogenannten „Mandelkerne" geleitet, von wo sie in der rechten Hirnhälfte, die die Kreativität und Gefühle verarbeitet, bewertet werden. Das heißt, dass das Herz Informationen speichert und

---

5   Herzintelligenz, Forschungsberichte des HeartMath-Institutes, unter „Neurokardiologie", VAK, Leseprobe unter www.VAK.de; Die Forschungsberichte sind leider vergriffen.

6   Dr. Susanne Marx, aaO, S. 57.

entscheidet, was weitergeleitet wird und für die Emotionen zuständig ist[7].

Was für eine sensationelle Erkenntnis! Unsere Wahrnehmungen werden vom Herzen gefiltert und vom Hirn übersetzt. Je nachdem welche Erfahrungen ein Mensch gemacht hat, fällt dann nach der Verarbeitung durch sein Großhirn die nach außen zutage tretende Entscheidung aus. Leidenschaft, Begeisterung, Hemmungen, Gelassenheit oder Angst werden vom Herzen gesteuert. Wenn wir uns bewusst machen, dass unser Verhalten von unseren Emotionen bestimmt wird, können wir diese, z.B. durch 5A-Quantenheilung aufspüren, integrieren und zum Positiven verändern.

Wir sind also keinesfalls hilflos unseren Emotionen ausgeliefert. Wenn wir den Code des Herzens entschlüsseln, haben wir die Möglichkeit, auf unsere Entscheidungen, unser Verhalten und damit auf unsere Realität einzuwirken.

I.4.3   Positive Psychologie

Eine der ersten Grundlagen, die die 5A Quantenheilung als jederzeit zu praktizierende Lebensweise geprägt hat, ist die Psychologie, die Lehre von der Seele. Traditionell beschäftigt sich die Psychologie häufig mit der Vergangenheit, die ins Bewusstsein geholt wird, um verstehbar und nachvollziehbar zu werden. Im Gegensatz dazu geht es in der Positiven Psychologie darum, das Gute, Optimistische, das Positive in den Blickwinkel zu nehmen. Wir können unsere Realität für uns nur aktiv gestalten, wenn wir den Fokus verändern. Die Vergangenheit ist abgeschlossen, das heißt wir können uns darauf konzentrieren, was gut läuft und dann in das Gefühl gehen. Martin Seligmann

---

7   Doc Childre, Howard Martin: Die Herzintelligenz Methode. VAK Verlags GmbH, 2016, 5.verbesserte Auflage, S.24, 31, 56.

ist Experte für Depressionen und Glücksforscher. In zahlreichen Studien hat er nachgewiesen, dass es Menschen besser geht, wenn sie sich mit dem beschäftigen, was ihnen Wohlbefinden bereitet, was ihnen Freude und Spaß macht, was leicht geht. Optimismus ist erlernbar.[8] Parallel dazu haben Hirnforscher festgestellt, dass das Zentrum im Gehirn, das umgangssprachlich der „Jammerlappen" genannt wird wandelbar ist. (s. Kapitel Hirnforschung, Absatz „Adulte Neurogenese"). Das bedeutet, dass aus einer positiven Denkweise eine Angewohnheit werden kann und schon verändern sich scheinbar festgelegte Strukturen des menschlichen Gehirns.

I.4.4   Epigenetik

Sie ist eine relativ neue Wissenschaft, der zufolge wir nicht von unseren Genen abhängig sind, sondern mit der nachgewiesen wird, dass die Umwelt und der menschliche Wille die DNA verändern können. Der Begriff Epigenetik ist griechischen Ursprungs. Epi ist eine Vorsilbe und steht für „auf, an, bei, darüber oder hinzu", während Genetik aus dem Wort „geneà" für Abstammung gebildet wurde und Vererbungslehre meint. Epigenetik ist danach die Wissenschaft, die die der Vererbungslehre hinzukommenden Aspekte untersucht.

Bruce Lipton ist Stammzellbiologe, der vor allen Dingen an der University of Wisconsin und der Stanford University lehrte und forschte, bevor er als gefragter Redner zu einer der führenden Stimmen der „neuen Biologie" wurde. Er sagt: „Die Vorstellung, dass unser Leben von unseren Genen bestimmt werde, ist so tief in unserer Zivilisation verankert, dass es schon kleinen Kindern als Dogma beigebracht wird. Diese Botschaft wird auf allen

---

8   Siehe Martin Seligmann: Flourish – Wie Menschen aufblühen. Kösel-Verlag, 2014, 2.Auflage, S 123ff,S 183ff, 212, 288.

Stufen der Bildung ständig wiederholt, von der Grundschule bis zum Medizinstudium. Es ist Allgemeinwissen, dass der menschliche Körper ein hervorragender, genetisch gesteuerter Automat sei. Daher schieben wir unsere sämtlichen Fähigkeiten – und vor allem unsere Unfähigkeiten – auf die Art der Gene, die wir nun mal geerbt haben. Da Gene die wesentlichen Eigenschaften des individuellen Lebens zu bestimmen scheinen und da wir keinen Einfluss darauf haben, welche Gene wir bei der Empfängnis abbekommen, mögen wir uns zu Recht als *Opfer der Vererbung* fühlen"[9].

Forschungsergebnisse Liptons an der Stanford University und des HeartMath-Institutes und inzwischen auch weiterer Lehrstühle für Molekularbiologie[10] bergen die Erkenntnis-Möglichkeit in sich, dass sowohl unser persönliches Leben als auch unser kollektives Dasein durch die Verbindung zwischen Innen und Außen, zwischen Geist und Materie gesteuert werden kann. Denn epigenetische Kodierungen sind potenziell reversibel und daher im Verlauf eines Lebens, entwicklungsabhängiger, aber auch umweltbedingter Variabilität ausgesetzt[11].

Untersuchungen und Versuche belegen, dass durch den Einsatz von Gedankenkraft und willentlich hergestellten Gefühlen Einfluss auf eine extrahierte DNA (Deoxyribo Nucleic Acid = auf Deutsch: DNS für DesoxyriboNukleinSäure) genommen werden kann[12]. Das HeartMath-Institut hat zur Durchführung von Versuchen bei Probanden DNA entnommen und gemessen, dass, wenn die Stimmung der Person ausgeglichen und in Liebe war,

---

9   Bruce Lipton im Geleitwort zu dem Buch von Rob Williams PSYCH-K®; erschienen im KOHA Verlag, 2009, https://www.koha-verlag.de/fileadmin/user_upload/produkte//5083_leseprobe.pdf
10 z:B Universität des Saarlandes
11 Einführung zu der Epigenetik-Seite der Universität Saarland, http://epigenetics.uni-saarland.de/de/home/
12 Artikel über die Forschungen am HeartMath Institute mit weiteren Nachweisen: https://www.heartmath.org/articles-of-the-heart/personal-development/you-can-change-your-dna/

die entsprechende DNA sich ausdehnte, während ärgerliche Stimmung die DNA schrumpfen ließ. Das bedeutet nicht nur, dass Gedanken und Emotionen auf unsere Körper Einfluss nehmen, sondern auch noch, dass die DNA veränderbar ist und auch mit dem DNA Träger verbunden bleibt, selbst wenn sie in eine Petrischale außerhalb des Spenderkörpers extrahiert wurde[13].

Bruce Lipton schreibt über seine Versuche und Forschungen: „Wenn ich meinen Zellen eine gesunde Umgebung anbot, dann gediehen sie. War die Umgebung nicht optimal, kümmerten sie vor sich hin. Doch sobald ich ihre Umgebung dann verbesserte, erholten sich die Zellen."[14] Er fand ferner heraus, dass Stammzellen aus genetisch identischem Material sich nicht identisch entwickelten, nachdem er ihr Umfeld verändert hatte. Nach einer Aufteilung der Zellen in drei verschiedene Umgebungen konnte er drei verschiedene Resultate sehen. In einer Schale bildeten sich Muskelzellen, in der anderen Schale bildeten die Zellen Knochen. In einer dritten Schale bildeten die Zellen Fettzellen.[15] Und auch das muss man sich auf der Zunge zergehen lassen: Es sind Signale aus der Umwelt, die unsere Zellen beeinflussen und nicht die Gene.

Außerdem ist mittlerweile bekannt, dass die etwa 22.000 Gene, also die Bereiche des Erbguts, auf denen die direkten Baupläne für Proteine verzeichnet sind, nur einen winzigen Teil des menschlichen Genoms ausmachen. Es sind nur ca. zwei bis 5 Prozent des gesamten Erbguts. Lange haben verschiedene Wissenschaftler den restlichen Teil der DNA, den sie nicht den Genen zuordnen konnten – also ca. 95 % – als Junk DNA bezeichnet. Die Überzeugung, dass die Natur keinen Müll produzieren

---

13 Modulation of DNA Conformation by Heart-focused Intention, Rollin McCraty, Ph.D. Mike Atkinson, and Dana Tomasino, B.A. , 2009, https://archive.org/details/ModulationOfDnaWithHeart-focusedMeditation
14 Bruce H. Lipton, Intelligente Zellen, Koha-Verlag, 2016, 1.erweiterte Neuauflage, S.53.
15 derselbe, Interview auf www.Sein.de vom 14.Juni 2010, S.3. https://www.sein.de/die-weisheit-der-zellen-interview-mit-bruce-lipton/

wird, hat dann doch die Wissenschaft veranlasst, an dieser „nicht codierenden DNA" weiter zu forschen. Danach repräsentiert dieser nicht codierende Teil der DNA einen gewaltigen Steuerapparat, der durch Millionen Schaltelemente die Aktivität der Gene reguliert[16]. Wenn wir das in Verbindung mit der Erkenntnis, dass die Umwelt unsere Zellen beeinflusst, bringen, liegt es doch im Bereich des Möglichen, dass wir selbst in der Lage sind unsere Gene an- und auszuschalten, so wie wir es brauchen.

Das bedeutet, dass wir durch unsere Gedanken und das Herstellen von positiver Einstellung und einem ebensolchen Umfeld – also Veränderung der Energie in uns selbst – Schöpfer unserer gewünschten Realität werden können.

I.4.5   Quantenphilosophie

Das, wodurch die 5A-Quantenheilung am meisten beeinflusst wurde, ist die Quantenphilosophie. Die Quantenphilosophie vereint in sich Naturwissenschaft und Geisteswissenschaft, nämlich die Quantenphysik und die Philosophie. Nach Dr. Ulrich Warnke geht der Begriff Quantenphilosophie auf Carl Friedrich von Weizsäcker zurück[17]. Die Quantentheorie/Quantenphysik ist die wissenschaftliche Erforschung von Naturereignissen auf Quantenebene. Man kann auch Teilchenphysik sagen. Sie ist die moderne Physik neben der klassischen Physik und versucht Phänomene zu erklären, bei denen die klassische Physik an ihre Grenzen stößt.

---

16 Bild der Wissenschaft vom 05.09.2012, Ein Schaltplan des menschlichen Erbguts, http://www.wissenschaft.de/home/-/journal_content /56/12054/926746/

17 Interview von Dr. Warnke zu seinem Buch „Quantenphilosophie und Spiritualität" auf www.scorpio-Verlag.de, https://scorpio-verlag.de/ default.asp?Menue=8&News=78

Früher glaubte man, dass Materie fest sei und die Atome, aus denen Materie und jede Form von Leben besteht, unteilbar seien.

Heute wissen wir, dass jede Materie-also auch wir- zu 99,999999999 Prozent aus Nichts besteht.

Der Kern mit seinen Protonen und Neutronen wird umkreist von Elektronen. Und zwischen Kern und Elektronen liegt ein so großer Raum von Nichts, dass nur 0,000000001% als Masse bezeichnet werden können. Auch Protonen und Neutronen sowie Elektronen bestehen ihrerseits aus Nichts, also wieder nur weniger als 0,000000001 % Masse. „Wenn man das ganze Nichts aus uns herausnehmen würde, müsste man uns mit dem Mikroskop suchen", sagt Dr. Ulrich Warnke[18].

Dieses Nichts in uns enthält zwar keine Masse, aber Energie, nämlich Schwingungen und Informationen (z.B. Photonen). Aus dieser Sicht ist tatsächlich alles Energie. Außerdem bewegt sich ein Elektron um den Kern nach der Quantenphysik in Wahrscheinlichkeitsräumen, das heißt, nur wenn wir es beobachten, zeigt es sich in einer vorhersagbaren Bahn. (Doppelspaltexperiment).

Vereinfacht gesagt, nehmen seitdem die verschiedenen die Quantenmechanik deutenden Modelle[19] an, dass

die Energie der Aufmerksamkeit folgt
und dass Materie verdichtete Energie ist.

---

18 Quantenphilosophie und Spiritualität, Scorpio-Verlag, 2011, 2.Auflage 2011, S. 60.

19 Z.B. Werner Heisenberg mit dem Kopenhagener Modell, nach dem aus den sich aus den verschiedenen Wahrscheinlichkeitsräumen ergebenden Möglichkeiten durch Beobachtung eine Manifestation der ausgewählten Möglichkeit geschieht. Es wird bei Messvorgängen nur die Variante der Vorgänge sichtbar, auf die der Beobachter seinen Fokus gerichtet hat.

Nach der Quantenfeldtheorie, die die Quantisierung von Kraftfeldern zum Gegenstand hat, bewegen wir uns in Feldern, die den sogenannten (im Rahmen der klassischen Physik nicht erklärbaren) Welle-Teilchen-Dualismus eines Objektes belegt. In Feldern sind danach sowohl Teilchen (Informationen) als auch Wellen (Energie, Schwingungen) vorhanden.

Die Feldtheorien sind wissenschaftliche Rechenwerke, die nachweisen möchten, dass Teilchen und Felder identisch sind. Für unsere Zwecke brauchen wir nur das Verständnis, dass es Wechselwirkungen zwischen Energie und Teilchen gibt, auf die wir in der Lage sind einzuwirken, weil wir selbst aus purer Energie bestehen.

I.5   Das Gesetz der Resonanz

Wenn wir davon ausgehen, dass alles Energie ist, dann bekommt das hermetische[20], als geistiges Naturgesetz bezeichnete Prinzip der Resonanz eine ganz andere Gewichtung. Das „Resonanzgesetz" oder auch das „Prinzip der Anziehung" besagt folgendes:

Gleiches zieht Gleiches an und wird durch Gleiches verstärkt.
Ungleiches stößt einander ab.

Wir schwingen, weil wir Energie sind. Schwingungen werden zu Wellen, Wellen breiten sich aus. Sie gehen in Resonanz und erhöhen bzw. verstärken sich. Wir sind wie die Saiten eines

---

20 Das Wort hermetisch wird von dem Namen Hermes Trismegistos hergeleitet, von dem wiederum lange angenommen wurde, er habe tatsächlich im 6. Jahrhundert vor Christus gelebt und die besonderen Prinzipien zusammengefasst. Die hermetischen Gesetze sind jedoch wohl griechische Überlieferungen spiritueller Weisheiten, deren Entstehen auf die Zeit zwischen dem 1. und 4. Jahrhundert nach Christus datiert wird.

Klaviers, die mitschwingen, wenn ein Ton derselben Frequenz angeschlagen wird.

Ich behaupte, dass es reine Physik ist, davon auszugehen, dass die Schwingungen in uns das verstärken und herbeiholen, was sie beinhalten. Mit anderen Worten: Gleiches zieht Gleiches an. Schwingen wir also in Wohlbefinden, innerem Frieden, Zuversicht oder sogar Glücksgefühlen, werden wir im Körper angenehmere Stimmungen und im Umfeld schönere Situationen erleben, als wenn wir in den Frequenzen von Aufregung, Angst, Wut oder Unzufriedenheit resonieren.

Wer hat das noch nicht so oder so ähnlich bei sich oder bei anderen erlebt:

Wir laufen durch die Straßen und grübeln vor uns hin, sind mit Gedanken beschäftigt, die die Misere im Beruf oder die Sorgen in der Familie betreffen. Plötzlich werden wir aus diesem Gedankenstrom herausgerissen, weil wir eine (Riesen) Pfütze auf dem Fußweg sehen und denken so etwas wie: „Bloß nicht da reintreten." Und schon stehen wir mit nassen Schuhen genau mittendrin und haben das Gefühl, dass heute einfach alles schief läuft.

Andererseits läuft alles wie geschmiert, wenn wir gerade gut drauf sind. Wir sagen dann: „ Ich habe gerade ein gute Phase, Glück gehabt oder der Zufall meint es gut mit mir!" In diesen Stimmungslagen gelingt uns alles und wenn etwas nicht exakt dem Ergebnis entspricht, was wir uns vorgestellt haben, machen wir frohen Mutes weiter, bis es gelungen ist.

Lange haben die Menschen geglaubt, sie seien den schlechten Phasen ausgeliefert und könnten in Glücksphasen einfach nur erleichtert sein.

Das alte hermetische Gesetz war in Vergessenheit geraten oder sogar ausdrücklich den vernunftorientierten Maßstäben aus der Zeit der „Aufklärung"(ca. 1650-1800) zum Opfer gefallen.

Durch die neuen Wissenschaften kommen wir inzwischen Stück für Stück dahinter, dass wir mit unserer jeweiligen

Bewusstheit und der Beschaffenheit unserer eigenen Energien das erschaffen, was wir haben.

Indem wir Gedanken bewusst wahrnehmen, Gefühle betont annehmen, ausdrücklich verändern oder verstärken und darauf aufbauend folgerichtig handeln, schaffen wir Zufälle ab. Wir werden eigenmächtige Realitätsgestalter!

Das, was wir haben, wollen wir. Sonst wäre es nicht da! Schlechte Nachricht: Ob wir das wahrhaben wollen oder nicht spielt keine Rolle. So ist es! Gute Nachricht: Wir können es ändern, denn mit Bewusstheit können wir unser Wollen ändern.

Das ist eine komplett neue Haltung, die wir uns zu Eigen machen müssen, um die Zusammenhänge anders zu verstehen und um ein Gefühl für unsere eigene Selbstwirksamkeit zu bekommen. Das Blöde an der Erkenntnis ist, dass wir niemand anderem mehr die Verantwortung für missliche Lagen zuschieben können. Selbst Schicksalsschläge haben dann irgendetwas mit uns zu tun und sollen uns etwas sagen. Auch ein Hirntumor oder Hörsturz ist dann (unbewusst) selbst gemacht. Die Epigenetik weist z.B. immer mehr nach, dass wir die genetisch bedingte Disposition für Krebs erst „schalten" müssen, damit auch wir Krebs bekommen. Wir können im Grunde nichts mehr, was uns passiert, auf Situationen, Umstände, ein unveränderbares Genom oder gar Menschen abschieben. Wir tragen für alles, bewusst oder unbewusst erschaffen, die Verantwortung.

Das Positive daran ist allerdings, dass sich unendlich viele Möglichkeiten ergeben, auf sein Leben gestaltend einzuwirken, wenn wir Verantwortung für alles übernehmen, was uns im Positiven wie im Negativen geschieht. Wir brauchen niemandem, auch und vor allem uns selbst nicht (!), mehr Vorwürfe dafür zu machen, wie unsere Situationen aussehen. Wir sind einfach nur in Resonanz gegangen. An der Frequenz unserer Schwingungen können wir arbeiten! Wir bemerken einfach nur, wie es und was gerade ist, um es gewollt zu beeinflussen. Es gibt dann keine Schuld mehr. Nur Verantwortung für Ursache und Wirkung, für die wir in unserem übernommenen Regelsystem Konsequenzen tragen. Wir haben einfach nur Schwingungen in uns, die in Resonanz gehen. Ganz ohne Wertung. Schuld ist lediglich das Ergebnis von moralischer Wertung. Wenn es keine Bewertung in negativer Hinsicht mehr gibt, dann haben wir auch keine Schuldigen mehr. Nur Verursacher, deren Handlungsergebnisse so sind, wie sie sind und bearbeitet werden können. Begebenheiten werden anders betrachtet. Wir sind konzentriert auf das, was wir tun können, um positive Veränderungen zu bewirken, nicht mehr darauf, wer unserer Meinung nach etwas wieder gutmachen muss oder wie er das zu erledigen hat. Wenn ich (ohne Schuld) nur durch Ursache und Wirkung oder dadurch, dass ich mich in einem bestimmten Kraftfeld befinde, etwas kreiert habe, kann ich das auch selbst wieder verändern, also verbessern, und schöne Ereignisse vermehren. Der Fokus liegt dann zum Beispiel auf Gesundheit und nicht länger auf Krankheit.

Wichtiger Bestandteil dieses Resonanzgesetzes ist, dass es für alle und jeden zu jeder Zeit gilt, unabhängig von Geschlecht, Hautfarbe, sozialem Status, Bildungsstand oder Religionszugehörigkeit. Es ist mir ein wichtiges Anliegen, das Vertrauen zu stärken, dass positive Realitätsgestaltung für alle Menschen möglich ist!

Wenn wir beginnen, uns diese Gedanken anzueignen, dann gibt es eine natürliche Chancengleichheit. Wir müssen=dürfen lediglich für uns eine Entscheidung treffen, uns aus dem vermeintlichen Opferdasein zu befreien und selbst die Verantwortung für unser Leben zu übernehmen. Niemand ist ohne Eigenmacht! Folgen wir unseren Talenten, unserer Begeisterung und unseren verborgenen Wünschen, dann ziehen wir im Sinne des Resonanzgesetzes das an, was unsere Bestimmung ist und uns erfüllt, weil wir positiv schwingen. Fühlen und handeln wir gegen unsere Gefühle, Bedürfnisse und Gaben bzw. Fähigkeiten, dann befinden wir uns auf einer niedrig schwingenden Ebene, die auch nur solche Ebenen zum Mitschwingen veranlasst. Verändern wir unsere Ebene, unsere Schwingungen nicht, werden wir uns über kurz oder lang in Depression oder Burnout wiederfinden. Bleiben wir in Feldern, also Umgebungen, die uns spürbar Unwohlbefinden verursachen, erhöht sich letzteres vermutlich, weil wir nicht in der Lage sein werden, das Feld allein zu verändern.

 **„Probleme kann man niemals mit derselben Denkweise lösen, durch die sie entstanden sind", sagte Einstein, was in diesem Zusammenhang bedeutet, dass, erst wenn wir unser Denken und Fühlen verändern, andere Felder entstehen, wodurch auch das Befinden variiert.**

Und das Bemerkenswerte und auch Wunderbare ist: Das liegt ganz allein in unserer Macht. Ich bin Frau oder Herr meiner Gedanken und Emotionen und damit vollkommen selbstbestimmt.

Wir haben gesehen, dass Gedanken elektromagnetische Schwingungen verursachen, die sich ausbreiten. Gedanken wirken als Welle auf den eigenen Körper und bleiben außerdem nicht im eigenen Kopf, sondern beeinflussen das Umfeld. Hier können sie in Resonanz gehen und sich mit anderen Schwingungen synchronisieren. Schon Gedanken sind daher in der Lage, etwas in uns und in unserem Feld zu verändern. Wir selbst sind nun diejenigen, die ihre Gedanken, wenn wir sie erst einmal bemerkt haben, verändern können. Niemand außer uns selbst kann das! Die Bewusstheit über das, was wir denken und das, was dieses Denken zur Folge hat, versetzt uns in die Lage, Gedanken zu nehmen oder zu lassen oder zu intensivieren. So kann das Gesetz der Resonanz aktiv in die positive Lebensgestaltung einbezogen werden.

Faszinierend ist außerdem, dass die Neurokardiologie belegt, dass das intrinsische Nervensystem des Herzens Emotionen speichert und elektromagnetische Signale an den gesamten Körper weiterleitet. Forschungen des HeartMath-Institutes haben 2010 sogar gezeigt, dass das Herz ein eigenes mindestens 2,5 bis 3 m großes elektromagnetisches Feld hat[21]. Die elektrische Kraft des Herzsignals (EKG) ist bis zu 60mal stärker, als das elektrische Signal des Gehirns (EEG)[22]. Das magnetische Feld des Herzens ist sogar bis zu 5000mal stärker als das des Gehirns[23].

Da es sich wiederum um Schwingungen handelt und wir nur zu 0,000000001 % aus Masse bestehen, haben wir die realistische Möglichkeit in uns die Schwingungen und die Informationen wiederum mit Energie zu beeinflussen und zu transformieren. Der Schwingungscharakter, die Schwingungsfrequenz des elektromagnetischen Feldes des Herzens hängt von den Emotionen ab (Versuche mit Bildern, Worten, Filmen, auf deren Betrachten und Hören das EKG reagierte)[24]. Da unser eigenes (Herz)Feld so groß ist, ragen wir in Felder von anderen hinein, bewirken gleichzeitig durch unsere Veränderungen Modifikationen unseres Umfeldes und dann sogar der Welt, je größer die Felder sich ausdehnen.

Wenn wir also durch Vorstellung anderer Bilder in uns positive Gefühle erzeugen, transformieren wir Schwingungen und können mit gewünschten Schwingungen in Resonanz gehen.

Ein wichtiges Indiz, wenn nicht sogar ein Beweis, für das Bestehen des Resonanzgesetzes bietet die Epigenetik, die

---

21 Doc Childre, Howard Martin, a.a.O. siehe FN 7, S 60.
22 HeartMath, The Energetic Heart is Unfolding, 2010, https://www.heartmath.org/articles-of-the-heart/science-of-the-heart/the-energetic-heart-is-unfolding/
23 Doc Childre, Howard Martin, a.a.O. siehe FN 7, S. 59 mit weiteren Nachweisen
24 Beispiele für die verschiedenen Schwingungen von unterschiedlichen Gefühlen (Herzfrequenzvariabilität) nach Messungen mit einem besonderen EKG: Doc Childre, Howard Martin, a.a.O.siehe FN 7, S 64.

nachgewiesen hat, dass die Zellmembran wie kleine Antennen funktioniert, die elektromagnetische Schwingungen aufnehmen und weiterleiten. Das heißt alle Gedanken und Gefühle, die wir bewusst oder unbewusst elektromagnetisch aussenden, gehen mit der Zellmembran in Resonanz und geben Schwingungen und Informationen weiter. Je nach Schwingungscharakter oder Informationsgehalt verändert sich dann die Zelle, die DNA. Dadurch haben unsere Gedanken und Gefühle auch auf dieser Ebene eingreifende Wirkungen und es gibt einen Grund mehr, sich in positiven Gedanken und Gefühlen zu üben.

Spätestens mit der Positiven Psychologie haben wir solche Übungen zur Verfügung, zu denen ich Dir im Kapitel über die 5A-Schritte Beispiele zeige. Es geht darum, den Fokus von negativen, ungewollten Dingen, Situationen und Gefühlen wegzunehmen und auf gewollte zu richten. Das schafft andere, eben erwünschte Resonanzen. Vielleicht würden wir den Weltfrieden schneller herstellen, wenn wir nur noch von den friedlichen Begebenheiten berichten würden. Leichter würde sich etwas verändern, wenn wir für etwas demonstrieren und nicht gegen etwas. Das hat nichts mit Blauäugigkeit zu tun, sondern nur mit Resonanz!

Auch die auf der Quantenmechanik und den anderen modernen Wissenschaften basierende Quantenphilosophie bestätigt mit ihrer Folgerung, dass die Energie der Aufmerksamkeit folgt, das alte hermetische Anziehungsprinzip. Denn wenn meine Aufmerksamkeit die Energie bewirkt, auf die ich mich konzentriere, zieht Gleiches Gleiches an!

Also raus aus den Federn und das Leben rocken!

Das geht und macht auch noch Spaß! Werde aktiv: Beobachte Deine Energie, berate Dich selbst, dass Du Deine Aufmerksamkeit auf etwas Anderes richten solltest, wenn Dir die Energie, also Situation oder Stimmungen, nicht gefällt. Verbessere dadurch

Deine Ausstrahlung und „heile" selbstständig alles in Dir, was Dich an Deiner Entwicklung und Entfaltung, an der Erfüllung Deiner Wünsche oder am Erreichen Deiner Ziele hindert.

Und wenn Du jetzt eine schnelle wirksame Methode für Selbstveränderung suchst:

Nimm doch meine!

II. 5A-Quantenheilung: Selbstcoaching und Selbstheilung leicht gemacht

Die 5A- Quantenheilung ist genau das Richtige, wenn Du Deine Resonanz verändern möchtest. Allen, die sich entschieden haben bedingungslose Verantwortung für ihre Realität zu übernehmen, bietet die 5A-Quantenheilung einen besonderen Weg.

II.1   5 Vorteile für alle

Folgende mindestens 5 Vorteile gegenüber anderen Mentalcoaching-Methoden oder Therapien zeichnet sie aus:

Sie ist **einfach,**

weil sie Selbstcoaching, Selbstheilung, Selbstmanagement und Lebensgestaltung in Form einer **Gleichung** darstellt:

5 Schritte + 2 Punkte = positive Realität

Egal, ob es um körperliche Beschwerden, zwischenmenschliches Konfliktpotenzial oder persönliche Träume geht: Die 5A-Quantenheilung ist leicht erlernbar und für jeden in jeder nur denkbaren alltäglichen Situation anwendbar. Sie ist bestens geeignet, um im Alltag in unangenehmen Situationen eine unmittelbare Veränderung für den Anwender herbeizuführen. Du kannst damit auch tiefgreifende Lebensthemen, die sich immer wieder in unterschiedlichen Anlässen äußern, bearbeiten. Wenn wir uns die 5A-Methode zur täglichen Gewohnheit machen, dann wird sie zu einer kraftspendenden Haltung, mit der wir unser Leben schöpferisch gestalten und positiv beeinflussen können.

Sie ist **spürbar,**

weil sie ein **Selbstveränderungs-Werkzeug** beinhaltet, das direkten Einfluss auf Dein zentrales, vegetatives, autonomes **Nervensystem** des Darmes sowie das intrinsische Nervennetzwerk des Herzens nimmt, so dass Du sofort eine positive Ausstrahlung wahrnimmst.

Körper-Energie-Techniken, wie Meditation, Yoga, Reiki, Autogenes Training, Progressive Muskelentspannung, MET (Meridian-Energie-Technik) oder EFT (Emotional Freedom Techniques) sowie EMDR (Eye Movement Desensitization and Reprocessing) erzielen bereits gute Erfolge in Bezug auf Stressreduktion und Gesundheit und sind Vorläufer für die 5A-Quantenheilung. Mit ihr geschieht eine Bündelung dieser Techniken, die deren Spürbarkeit erhöht.

Sie ist **effektiv,**

weil sie mentale (5A-Schritte) und körperliche Energie-(Zwei-Punkte) Arbeit kombiniert.

Sie wirkt deshalb gleichzeitig als Therapie, Mental- und Motivationscoaching, Energieveränderung und Erfolgskonzept. Also kannst Du schnelle Heilungs- Veränderungs- und Gestaltungsergebnisse erreichen und zwar für dich als Person und für Deine Beziehungen und Situationen. Sie ist eine **Mischung** zwischen entspanntem **Mentaltraining** und erfolgreicher, bewusster **Energieveränderung,** das heißt Wunsch- und Zieleverwirklichung. Vielleicht das Puzzleteilchen, das Dir noch fehlt, um weiter zu kommen oder endlich (wieder) loszugehen, eben das Puzzleteil, das Dir hilft, Dein Leben endlich wieder zu rocken.

Sie ist **alltagstauglich,**

weil sie eine **Schritt für Schritt-Anleitung** zur Persönlichkeits-
entwicklung und Potenzialentfaltung von immer fünf gleichen
Akten hat, die garantiert, dass Du Dich im Alltagsgeschehen erinnern kannst, bewusst zu sein und auf Dich zu achten.

Mittlerweile ist allgemein bekannt, dass es auf die Ausgeglichenheit von Körper Geist und Seele ankommt, wenn wir uns
rundum wohlfühlen, erfolgreich und mit uns im Reinen sein
wollen. Nur wie schaffen wir es, im Alltagsgeschehen alle drei
Ebenen gleichmäßig zu berücksichtigen und zu füttern, damit
unser Leben Begeisterung erzeugt, wir vital, stark und fröhlich
sagen können: „ Ich lebe genau das Leben, das ich mir immer
vorgestellt habe und werde das auch weiterhin tun!"?
 Die 5A-Schrittanleitung ermöglicht die gewohnheitsmäßige,
aktive Verknüpfung von Bewusstheit und energetischer Handlung, die Veränderung in allen erdenklichen Bereichen erzielt.

Sie ist **nachhaltig,**

weil sie eine **Philosophie** hervorbringt, mit der Du Dich in ein
neues Feld einbindest und die Verbindung zu anderen Feldern
herstellst, wodurch du beeinflussen kannst, wie Deine Wirklichkeit, Dein Alltag aussehen soll.
 Immer mehr wird bekannt und populär, dass Erfolg nur dann
gelingt, wenn wir wissen, was wir wollen und dieses Ziel im Vi-
sier haben und verfolgen. Wir lernen, dass wir nur bei uns selbst
beginnen können, etwas zu bewirken. Andere zu verändern gelingt uns nicht, weil dies ohne deren Einwilligung nicht möglich
ist. Wenn sie einwilligen, haben nicht wir, sondern wiederum
sie selbst sich geändert. Auch diese Erkenntnis verbreitet sich
immer mehr. Eine Gewohnheitsänderung im Denken und im
Fühlen hilft, dieses Allgemeinwissen und das in einem Coaching

Erlernte in unseren Alltag zu integrieren und uns damit authentisch leben zu lassen.

Zeit bekommt eine andere Bedeutung. Wir werden zu bewussten, aktiven Gestaltern unseres Seins. Wir treffen eine bewusste Entscheidung und schon erledigen wir unsere Pflichten, weil wir uns dafür entschieden haben. Unsere Vorhaben werden zu freiwilligen Prozessen mit einem klar definierten Ziel. Das bedeutet Schluss mit dem Opferdasein. Und Schluss mit „Ja,... aber...". Wir übernehmen die Verantwortung und die 5A-Quantenheilung ist das Werkzeug, das uns unterstützt und die Energie in die richtige Richtung, nämlich in die unseres Wunsches oder Zieles lenkt. Mit der 5A-Quantenheilung können wir aktiv auf unser Tagesgeschehen einwirken, indem wir mit Intuition und Energiearbeit Ereignissen eine positive Richtung geben. Natürlich wird das direkte Auswirkungen auf uns und damit indirekt auf unser Umfeld haben. Wir verändern uns also als erstes selbst und schaffen damit die Möglichkeit, dass sich unser Außen ebenfalls verändern kann.

Dann können sich Wünsche aus unserem Innen im Außen manchmal ganz schnell manifestieren. z.B. können vom Entschluss „Ich möchte eine neue Wohnung mieten" bis zur Wunsch- und Zieleverwirklichung manchmal nur ein paar Tage vergehen und Du entdeckst in der Zeitung das Inserat Deines Traumzuhauses. Das hat dann nichts mit Zufall zu tun (denn Zufälle gibt es ja gar nicht, wie wir inzwischen wissen), sondern damit, dass Du mit Hilfe der 5A-Quantenheilung auf Deine Realität eingewirkt hast.

Deine Realität zu gestalten wird Dir am leichtesten fallen, wenn Du in harmonischer oder freudiger bzw. leichter Stimmung bist, Du also Ausgeglichenheit und Zuversicht empfindest. Diese Empfindungen (und vieles Anderes) herzustellen, gelingt Dir mit der besonderen Schubkraft aus der 5A-Quantenheilung. Starte durch!

II.2 Schubkraft für gewollte Veränderung: Der ANSCHWUNG

Als ich anfing, mich für Selbstentwicklung, Potenzialentfaltung und meinen Lebenssinn zu interessieren, nahm ich privat an der Fortbildung zum „Erfolgreich-Wünschen-Coach" bei Pierre Franckh teil. Hier hatte ich meinen ersten magischen Moment: Als ich erzählte, dass ich angestrengt beim Finanzamt arbeitete und auch krank sei, sagte der Coach:

„Wer in dieser Verwaltung arbeitet, kann niemals glücklich werden". Auch wenn er das nur scherzhaft gemeint hatte, so war ich doch bis ins Mark getroffen. Ich wollte nicht unglücklich sein. Hatte ich mir mit 16 Jahren doch geschworen, nur Dinge zu tun, die mir Freude bereiten und mich erfüllen und glücklich machen.

Entgegen dieser Maxime befand ich mich jedoch offenbar in einer Gemütslage, die diese Pläne so gar nicht förderte. Leider nahm ich diese Stimmung trotz des Winks mit dem Zaunpfahl durch Pierre nicht ausdrücklich wahr. Mein Kopf sagte immer wieder: „Das ist doch total in Ordnung in Deinem Beruf, das bisschen Unfreiheit wird doch durch die finanzielle Sicherheit wieder wett gemacht". Meine innere Stimm(ung)e, sagte aber leise immer wieder: „Boah ist das anstrengend hier, glücklich geht anders". Ich befand mich also in einem inneren Konflikt, der mit Zuversicht und Leichtigkeit nichts zu tun hatte. Ich hatte noch kein Mittel, diesen Konflikt wirklich zu bemerken, geschweige denn durch eine helle Stimmung zu ersetzen, sodass es zu den besagten Krankheitssymptomen kommen musste. Ich hatte mich nicht zu 100 % wohl gefühlt. Eine Stimmung ist, beziehungsweise hat, eine Schwingung, weil sie ein Gefühl ist. Schwingung ist Energie. Mein Energielevel war sehr niedrig. Bei hohem Energielevel sind Immunkräfte gestärkt und die meisten Vorhaben gelingen. Falls nicht, ist es ein Leichtes eine Lösung zu finden. Zum Beispiel befinden wir uns auf einem hohen

Energielevel, wenn wir verliebt sind. Diesen Zustand kennst du vielleicht. Erstrebenswert scheint es mir für alle zu sein, einen ähnlichen Energielevel auch ohne das Verliebtsein herstellen zu können, nicht nur um Gesundheit sondern auch die authentischen Lebensziele zu fördern.

Und wie kommst du nun in eine solche Stimmungslage, gerade wenn Du Dich nicht wirklich wohl fühlst? Du gibst Dir einen ANSCHWUNG[25].

Du machst Dir bewusst, dass alles Energie ist und Du innerhalb des „NICHTS" in Deinen Atomen „praktisch" das anschubst, worauf Du Deine Aufmerksamkeit lenkst. Unter der Handarbeit liegt also immer ein Thema, das transformiert oder aktiviert werden soll. Wir ergänzen durch die „ANSCHWÜNGE" unsere Vorstellungen von dem, was verbessert werden soll. Das gilt für Gedanken und Gefühle genauso wie für Körperempfindungen und Situationen.

Schwingungen können wir allein dadurch erhöhen, dass wir uns für die Möglichkeit, in höhere Schwingung zu gelangen, öffnen. Denn dann ist der Fokus auf höher schwingend gerichtet und kann den Level anheben.

Das entspricht dem alten Energiegesetz:

Höher schwingende Energien
transformieren niedrig schwingende Energien.[26]

Wie wir bereits gesehen haben, haben Forschungen des Heart-Math Institutes ergeben, dass verschiedene Gefühle unterschiedliche Muster bei der Sichtbarmachung der Herzfrequenz-

25 Siehe oben, S 14 ff
26 Ich beziehe mich zum einen auf den Inhalt des Buches „Quantenphilosophie und Spiritualität" von Dr. Ulrich Warnke. Auf S. 79 äußert er sich zum Charakter von Wellen und der Unterwerfung von Elektronen unter die spezifischen Schwingungsfrequenzen eines Raumes. Zum anderen bilden auch die Ausführungen von Günter Heede in ‚Matrix Inform' eine Grundlage für diese These.

variabilität zeigen. Je ausgeglichener die Gefühle, desto geordneter die Wellen und höher die Ausschläge im Frequenzspektrum, das in Hz gemessen wird. Das bedeutet für mich, dass tatsächlich gute Gefühle, wie Wertschätzung, Mitgefühl, Aufrichtigkeit, Geduld, Toleranz oder Liebe hoch schwingende Energie sind. Durch einen ANSCHWUNG auf hochschwingende Energie transformierst du zunächst ganz allgemein physisch und auch physikalisch die niedrig schwingenden Gefühle wie Wut, Trauer, Angst oder Verzweiflung, weil das Energiegesetz wirkt. Wie Du schon beim Ausprobieren der Zwei-Punkt-Methode gesehen hast, geschieht bereits etwas, nur weil der Fokus im Allgemeinen auf „Besser" gerichtet ist. Schon dadurch warst Du bereits „anders drauf".

Wenn Dir nun ein spezielles Gefühl wie Leichtigkeit oder Zuversicht einfällt und Du dieses anschwingst, bringst Du Dich damit natürlich erst recht auf einen hohen Energielevel, von dem aus die Anziehung Deiner Wunschrealität spürbar gelingt.

Alle Themen einer Behandlung beziehungsweise Anwendung der 5A-Quantenheilung- sei es nun bei Dir selbst oder bei anderen- werden durch den ANSCHWUNG für eine Transformation angeschubst. Transformation meint hier immer die Veränderung zum Positiven-analog dem Energiegesetz.

Die 5A-Quantenheilung ist Energiearbeit, die noch viel mehr kann als heilen. Sie bewirkt nicht nur im Inneren unseres Körpers etwas, sondern, da wir ja selbst und auch die anderen ein Feld haben, ebenfalls etwas in unserem Umfeld.

Mit dem ANSCHWUNG setzt Du Impulse. Impulse zum Nutzen und Wohle aller Menschen. Impulse für positive Veränderung. Je klarer Du weißt, worauf sich Deine ANSCHWÜNGE richten sollen, desto intensiver wird der Erfolg sein. Deine Energie folgt Deiner Aufmerksamkeit und höher schwingende Energie transformiert niedrig schwingende. Oben habe ich beschrieben, dass die Quantenphysik nachweist, dass es unendliche Möglichkeiten von „Kraft"-Feldern gibt, die miteinander interagieren. Warnke

und andere Quantenphilosophen gehen davon aus, dass es darüber hinaus auch Informationsfelder- das „Meer aller Möglichkeiten"- gibt, die nur angezapft werden dürfen, um etwas in die Realität zu bringen. Du kannst also Deine ANSCHWÜNGE -Deine Aufmerksamkeit- auf Felder richten, die Dir helfen sollen, Deine Energie-Deine Wirklichkeit- innen wie außen so zu manifestieren, wie Du es möchtest. Dadurch schaffst Du Dir Deine eigenen Felder oder befindest Dich in Feldern, die Dir nützlich sind.

II.3   Nutzbarkeit von Feldern

Mit der 5A-Quantenheilung sind wir immer Gestalter und nie wieder Opfer irgendwelcher Situationen. Wir begeben uns aus unerfreulichen Feldern heraus und schließen uns an förderliche an oder stellen neue für uns passende Felder her. Bestimmte Felder können wir zum Teil schon messen. Andere Felder, die wir noch nicht messen können, sind jedoch spürbar.

Wissenschaftler in aller Welt forschen seit langem an einer Form von unsichtbarer, feinstofflicher Materie, die aus Geist oder Bewusstsein hervorgehen soll. Als Ergebnis entstanden in den letzten 50 bis 60 Jahren Erfassungsmethoden für feinstoffliche Vorgänge, wie z.B. Kirlianfotografie, Aurafotografie, Kinesiologie, Biofeldtest, Elektroakupunktur oder Biophotonenmessung. Die genannten Methoden werden heute im Bereich der alternativen medizinischen Diagnostik eingesetzt. Man kann mit ihnen nicht direkt den gesamten feinstofflichen Körper erfassen, aber je nach Erfassungsmethode immerhin schon Teilbereiche. Hierdurch kann ein Feld unseres Körpers sichtbar gemacht werden, das mit bloßen Augen nicht zu sehen ist. Bei diesen Erfassungsmethoden entstehen unterschiedliche Farbkontraste um einen lebenden Organismus, die die Feinstofflichkeit des jeweiligen Feldes wiedergeben.

Bei der 5A-Quantenheilung gehe ich in Auslegung der wissenschaftlichen Diskussionen, alter geistiger Naturgesetze, östlicher

Weisheiten und persönlicher sowie Erfahrungen mit behandelten Klienten von weiteren Feldern aus, die wir in der Tat nicht mehr messen können, die uns aber bei der Auswahl und Gestaltung unserer gewünschten Wirklichkeit zur Verfügung stehen.

Dieses Vorgehen regt die Phantasie an. Es erweitert den Horizont und schafft damit wiederum Impulse, nämlich neue Gedanken und Gefühle für Energieveränderung. Dafür geben wir der Idee Raum, dass neben den physikalischen (wie dem Gravitationsfeld der Erde) und den elektromagnetischen Feldern (wie dem Lichtfeld) andere Felder mit informativem Gedächtnisinhalt bestehen.

Hier sind besonders die morphischen und morphogenetischen Felder und das „ICH-BIN-Feld" zu erwähnen.

II.4   Morphische und morphogenetische Felder

Die Idee für das Vorhandensein dieser Felder, geht wohl auf den Entwicklungsbiologen und Biochemiker Rupert Sheldrake zurück, der sie zunächst ‚morphogenetisch' nannte. (griech. form- und gestaltgebend). Die morphischen und morphogenetischen Felder sind ein bisher lediglich theoretischer Ansatz, um unerklärliche Phänomene durchschaubarer zu machen, bzw. diese bewusst für die eigene Zielverwirklichung zu nutzen.

Für die Arbeit mit der 5A-Quantenheilung benutzen wir die Begriffe morphisch und morphogenetisch mit aufeinander aufbauenden Bedeutungen für Felder, die Informationen beinhalten und passiv wirken, nämlich als allgemeine Wissensquelle also morphisch, während es sich um ein aktives Feld handelt, wenn das Wissen aus dem morphischen Feld „angezapft" und damit aktiviert, also in ein morphogenetisches Feld umgewandelt wird.

Ein morphisches Feld ist nach Günther Heede und Dr.med. Wolf Schriewersmann „ein Speicher für alle Arten von

Informationen"[27], die schwingen und deshalb in Resonanz gebracht werden können. Sie schwingen zwar nicht mehr elektromagnetisch, sind aber energiegeladen. Einen solchen Speicher gibt es nach dieser Theorie für jeden lebenden Körper, Tiere und Pflanzen eingeschlossen sowie jeden Gegenstand, jeden Raum, jedes Kollektiv, jedes Universum. Alles, was einmal von einem Lebewesen erlebt, gedacht, gefühlt wurde oder was einmal mit einem oder für einen Gegenstand entwickelt wurde, wird in dessen morphischem Feld gespeichert. Dort bleiben die Informationen solange als passive Energie gespeichert, bis sie durch einen Impuls aktiviert werden und bei genügend Resonanz verstärkt und aus dem Meer aller Möglichkeiten zur Realität geschaltet werden können. Der Impuls, der die passiven Informationen in Schwingung bringt, ist unser Bewusstsein, dessen wir uns mit ANSCHWUNG gewahr werden. Wenn wir uns etwas bewusst machen, d.h. unsere Aufmerksamkeit auf etwas richten, verbinden wir uns mit dem passiven Feld und speisen es in unser aktives, aus dem heraus wir etwas gestalten können, ein.

Der Unterschied zwischen den Feldern ist also nach meiner Definition nur, dass das eine passive Energie bereithält, während wir aus dem anderen aktiv Informationen nutzen können.

Als Beispiel können wir uns unser städtisches Telefonbuch vorstellen, um ein wenig altmodisch, dafür aber gegenständlicher die morphischen und morphogenetischen Felder zu beschreiben.

In diesem Telefonbuch sind zunächst einmal alle Telefonnummern der Einwohner und Unternehmen, die im Buch aufgeführt werden wollten als morphisches Feld enthalten. Solange das Telefonbuch nicht für eine bestimmte Nummer aufgeschlagen wird, sind alle sich hinter den Nummern verbergenden

27 Günter Heede, Dr.med. Wolf Schriewersmann: Matrix Inform – Grundlagen der Quantenheilung. Irisiana Verlag, 2016, 1.Auflage, S. 14ff.

Informationen passiv. Sie befinden sich im morphischen Feld. Schlagen wir das Buch auf, zapfen wir das morphische Feld an und speisen die Informationen in unser morphogenetisches Feld ein. Alle Telefonnummern sind nun aktiv abrufbar. Jetzt ist es nur noch nötig, sich für einen Namen zu entscheiden, um den Impuls, jemanden anzurufen, Wirklichkeit werden zu lassen.

Auch jede einzelne Telefonnummer hat ein morphisches Feld. In ihm sind alle Informationen des Nummerninhabers gespeichert. Rufen wir die Nummer an, aktivieren wir die Informationen in unserem morphogenetischen Feld und können in der Realität durch ein Gespräch alle Informationen des Nummerninhabers erfahren, die er uns geben mag oder die, anders formuliert, mit uns in Resonanz gehen. Das morphogenetische Feld des Angerufenen hält alle Gesprächsmöglichkeiten bereit, die mit unseren aktivierten Themen übereinstimmen oder angestoßen werden. Ein Gespräch über ein Thema, das im morphischen oder morphogenetischen Feld des Angerufenen nicht vorhanden ist, wird nicht zustande kommen. Hier könnten Schwingungen nicht in Gang gesetzt werden. Möchten wir uns z.B. als Professor für Quantenphysik über den Welle-Teilchen-Dualismus und die Schrödinger-Gleichung mit einem Fußballer unterhalten, der nichts weiter als Fußballregeln, die praktische Fußballtechnik gelernt sowie das Gefühl für gut zu meisternde Situationen auf dem Fußballfeld entwickelt hat und sich ansonsten nur für Frauen oder die Gründung einer Familie begeistert, hält zwar das morphische Feld alle Informationen über das Thema bereit. In das morphogenetische Feld des besagten Fußballers werden diese Informationen jedoch nur eingespeist, wenn dieser sein Bewusstsein darauf lenkt, d.h. er ein gewisses Maß an Interesse für das Thema aufbringt. Ansonsten bleibt das morphische Feld der theoretischen Quantenphysik für den Fußballer ungenutzt und ein Gespräch darüber wird sich in der Ablehnung des Themas erschöpfen, weil keine Resonanz erzeugt wird.

Je mehr wir unser Bewusstsein trainieren, desto mehr spüren wir die möglichen Realitätschancen und können auswählen, welche Informationen wir aus morphischen Feldern in unser persönliches morphogenetisches Feld fließen lassen, um diese durch Impulse, Absichten und Ziele so zu aktivieren, dass Wünsche in Erfüllung gehen.

Die Arbeit mit den morphischen und morphogenetischen Feldern hilft uns, unser Bewusstsein zu lenken und das zu aktivieren, was uns bisher unerreichbar schien. Der Phantasie für bestehende Felder sind keine Grenzen gesetzt. Wenn wir mit den Feldern „spielen", indem wir auf unsere innere Stimme hören, den Feldern also einen ANSCHWUNG geben, dann erweitert das den Horizont und die Möglichkeiten, negative Energie zu senken und zu transformieren sowie gewünschte Energie zu erhöhen.

II.5   Das ICH-BIN-Feld

Unser Körperfeld entspricht einem morphogenetischen Feld. Mit der Geburt haben wir dem morphischen Feld der menschlichen Inkarnation den Impuls gegeben, unser persönliches morphogenetisches Feld als Mensch auf dieser Welt zu aktivieren. In unserem morphogenetischen Feld sind unsere individuellen Möglichkeiten gespeichert, die vom speziellen Lebenssinn über schlummernde Talente bis zu den uns unterstützenden Eigenschaften unserer Ahnen reichen.

Aus den bereits oben dargestellten Messungen des HeartMath Instituts wissen wir schon, dass wir ein mindestens drei Meter großes elektromagnetisches Feld um uns herum haben. Es breitet sich allerdings, da es Energie ist, mit Sicherheit noch weiter aus. Wir haben nur noch nicht die entsprechenden Messgeräte, die das bestätigen können. Spürbar ist jedoch für uns alle, dass Energien von anderen auf uns überschwappen können. In der

Gegenwart von Personen, denen es gut geht, fühlen wir uns wohler, als bei Menschen, die hauptsächlich schimpfen oder missgelaunt sind.

Alles deutet also darauf hin, dass wir nicht nur unser physischer Körper sind. Körper, Seele, Geist als Bestandteile unserer Vollständigkeit waren schon in der Antike Gegenstand von philosophischen Auseinandersetzungen.[28] Die östlichen Lehren gehen von verschiedenen nicht sichtbaren Körpern aus, die zwischen der Anzahl von drei bis 16 und mehr variieren.

Der Ausdruck ICH-BIN stammt aus der Geschichte des Alten Testaments, in der Moses mit dem brennenden Dornbusch spricht und fragt, was er seinem Volk sagen solle, wer den Auszug aus Israel befohlen habe.[29] Gott antwortet, er sei „ICH BIN, der ICH BIN". Moses solle zu den Israeliten sagen: „Der ICH BIN hat mich zu Euch gesandt"[30]. Im Johannesevangelium des Neuen Testaments, wird durch die berühmten ICH-BIN-Aussagen von Jesus die Verbindung des menschlichen Seins zum Bewusstsein Gottes hergestellt. Er sagt dort: „Bevor Abraham geboren wurde, bin ich. Ich bin der Weg, die Wahrheit und das Leben". Da Jesus ein Mensch war und die ICH-BIN-Aussagen getroffen hat, gehen die Interpretationen davon aus, dass der Gott aller in jedem einzelnen von uns vorhanden ist. „Das ICH BIN ist nach der mystischen Theologie der Teil von uns, der sich mit Gott identifiziert, der Teil, der Gott in uns ist."[31]

Die „göttlichen Eigenschaften", die wir in uns tragen, sind nicht sichtbar, aber fühlbar und nach außen durch unsere Energieströme manifestierbar. Bei dem, was wir an feinstofflichen Körpern um uns herum bemerken, können wir deshalb getrost von dem ICH BIN sprechen. All unsere Körper, also unser ICH

---

28 Platon, Dualismus (Körper+Seele) und Seelenwanderung

29 2.Buch Mose

30 ebenda, 3,14

31 Don MacGregor: Wissenschaft und Transzendenz – Zwei Sichtweisen – Eine Welt, Crotona Verlag, 2014, 1. Auflage, S 122.

BIN, sollten, wenn wir immer erfolgreicher, glücklicher, gesünder, jünger und freier sein wollen, in einem ausgeglichen, energetisch hoch schwingenden Verhältnis stehen. Wie viele Körper unser ICH BIN hat, ist von Modell zu Modell verschieden und ist ja auch noch nicht von den Wissenschaften nachgewiesen. Fest steht nur, dass es Energien gibt, die nicht nur unser physischer Körper sind, mit uns aber spürbar in Verbindung stehen.

Ist ein feinstofflicher Körper durch Stresssituationen oder wegen fremder Energieströme von außen mit Blockaden versehen, kann die gesamte Energie nicht ungehindert fließen. Wir merken das dadurch, dass wir nicht im „Flow" sind. Vielleicht zeigen sich körperliche Symptome, die das Wohlbefinden beeinträchtigen oder es gelingen Dinge nicht, von deren erfolgreichen Verwirklichung wir wie selbstverständlich ausgegangen waren. Durch die Energiearbeit mit der 5A-Quantenheilung können wir positiv gestaltend einwirken. Wir müssen nicht unbedingt wissen, welcher Körper im Einzelnen betroffen ist.

Jedoch funktioniert die Transformation schneller, wenn das, was transformiert werden soll, konkret benannt werden kann. Um sich ein Modell mit Körpern vorstellen zu können, deren Energie ausgeglichen und erhöht werden soll, konzentrieren wir uns im Rahmen der 5A-Quantenheilung auf fünf Körper unseres ICH-BINs. Die fünf Körper, die wir mit der 5A Quantenheilung energetisieren, sind:

Der physische, der mentale, der emotionale, der kollektive und der spirituelle Körper.

II.5.1 Physisch

Den physischen Körper können wir noch sehen. Hier gibt es die Extremitäten, die bewegt werden können, die Muskeln, die Knochen, die Sehnen und Bänder, Gelenke, Faszien, Blutbahnen, Organe und die verschiedenen Nervensysteme. Wie der Körper funktioniert und mit welchen verschiedenen Hirnarealen die einzelnen Funktionen zusammen hängen, ist zwar schon sehr weit geklärt. Einzelne Funktionen können demgegenüber dennoch noch nicht endgültig zugeordnet werden. Um die Energie im physischen Körper zu verändern, reicht die körperliche Energiearbeit, wie Handauflegen oder Streicheln, wenn es sich bei den zu verändernden Symptomen ausschließlich um somatische, d.h. körperliche Beschwerden handelt. Versteckte Verletzungen oder Krankheiten, auf die aus Symptomen rückgeschlossen werden kann und solche, die aus Unfällen oder anderen äußerlichen Gewalteinwirkungen herrühren, sind fast nie ausschließlich körperlich. Ausschließlich somatische Blockaden verschwinden sofort, wenn der Fokus auf Gesundheit, Beweglichkeit und Leichtigkeit geändert wird. Verschwinden die Beschwerden nicht sofort, können wir davon ausgehen, dass andere Themen in den anderen Körpern zu transformieren sind.

II.5.2 Mental

Der mentale Körper beherbergt all unsere Gedanken, Überzeugungen, Erinnerungen, Eindrücke, Wünsche und Absichten. Hier laufen auch die Bewertungen ab und alle Denkprozesse, die bei Vorstellungen und Visualisierungen entstehen. Dieser Körper entspricht in meinem Modell dem elektromagnetischen Feld, das durch Gedanken und bewertete Gedanken entsteht. Menschen, die die Aura sehen können, beschreiben ihn als Schicht um den Körper herum, die 30–60 cm und mehr über den physischen Körper hinaus geht[32]. Hier sind auch diejenigen physikalischen Programme aktiv, die nicht nur körperlich bedingt sind. Die Heilungsmöglichkeit z.B. eines betroffenen Organs, für

---

32 Bodo Deletz: 50 Halbwahrheiten, die dir das Leben schwer machen können. Ella Kensington Verlag. 2016, 1.Auflage, S.59. und Lumira: Erneuere deine Zellen, Trinity-Verlag, 2012, 2.Auflage, S. 23.

das bestimmte Reinigungsprozesse mentaler oder emotionaler Art aktiviert werden, geht von hier aus. Energieerhöhung auf mentaler Ebene wirkt sowohl auf den physischen Körper, als auch auf die emotionale Ebene. Umgekehrt wirkt die Auflösung emotionaler Blockaden auf die Klarheit im mentalen und die Gesundheit im physischen Körper.

II.5.3 Emotional

Im emotionalen Körper, der den Hirnregionen des limbischen Systems entspricht, sind alle Gefühle, Erfahrungen Charaktereigenschaften gespeichert. Gefühle ändern sich permanent. Deshalb ist hier viel Bewegung und oft Anpassung erforderlich, wenn wir unsere Realität gestalten und Erfolge erzielen wollen. Da unsere „Gefühlsaura" mindestens vom intrinsischen Nervensystem des Herzens bestimmt wird, dehnt sie sich vom Herzen über den mentalen Körper wenigstens über drei Meter um unseren physischen Körper herum aus. Allein mit diesem Körperfeld ragen wir schon in die Felder anderer Menschen herein, wenn wir mit Ihnen zusammen sind. Hiermit bewegen wir uns also im Resonanzfeld anderer und passen unsere Schwingungen aneinander an. Höher schwingende Energien transformieren dabei niedrig schwingende Energien, wenn wir bewusst gewohnheitsmäßig unseren Fokus auf Freude, Spaß, Liebe, Gesundheit und Leichtigkeit richten. Andernfalls ist es auch möglich, dass die unbewussten niedrigschwingenden Energien in Resonanz gehen und Dinge wie Stress, Wut, Depression oder Unzufriedenheit verstärken. Wir sollten deshalb darauf achten, welche Stimmung wir mit uns herumtragen und diese hoch schwingen lassen, wenn wir ein leichtes, freies, erfolgreiches, gesundes und glückliches Leben führen wollen. Der emotionale Körper steht in wechselseitigem Austausch mit dem mentalen und dem kollektiven Körper.

II.5.4   Kollektiv

Als kollektiven Körper bezeichne ich den feinstofflichen Vorgang, der entsteht, weil wir alle aus denselben oder diversen Kollektiven, d.h. verschiedenen Gemeinschaften oder Gruppen hervorgegangen sind und entsprechende Prägungen haben. Hier ist all das gespeichert, was unsere Kollektive uns als Möglichkeits- oder Vorstellungsmuster zur Auswahl vorgeben. Elementare Erfahrungen wie Geburt, Ehe, Mutterschaft, Trennung und der Tod haben z.B. in jedem von uns eine Verankerung, die in unterschiedlichsten Kulturen ähnliche Bilder hervorbringt und deshalb als archetypisch bezeichnet wird. Dieser Körper stellt nach meinem Modell die Verbindung zu unserem individuellen Möglichkeitsraum und zu dem morphischen Feld her, das das universelle, kollektive Bewusstsein enthält. Alles was irgendein menschliches Kollektiv an Erfahrungen und Vorstellungen bereithält, schlummert in diesem Körper und bietet deshalb nahezu unbegrenzte Möglichkeiten, sich zu entfalten. Das bedeutet aber auch, dass unbewusste Prozesse ablaufen können, die uns in eine Energie bringen, in der wir gar nicht leben wollen. Hier sind Informationen aktiv, die wir mit unserem Wachbewusstsein nicht aufdecken können, weil sie aus unzähligen verschiedenen kollektiven Feldern herrühren und kumulieren. Z.B. tragen wir hier Erfahrungen aus unserem Ahnenfeld mit uns herum, die gar nicht unsere eigenen und dennoch in unserem Körper gespeichert sind. Wir wissen, dass die Traumata der Kriegsgenerationen durch Veränderungen in den Zellen und unserer DNA (DesoxyriboNukleinSäure) auch in den nachfolgenden Generationen weiterarbeiten. Dieses zu transformieren, kann ein bestehendes Ungleichgewicht im kollektiven Körper beseitigen. Die sich ergebende ausgeglichene Energie können wir dann positiv erhöhen und unsere individuellen Möglichkeiten in Übereinstimmung mit den verschieden Kollektiven ausschöpfen. Dadurch wählen wir die Realität aus, die unsere Potenziale unterstützt.

II.5.5   Spirituell

Wir vereinen im spirituellen Körper alles, was mit unserer Seele, dem „Höheren Selbst" oder mit den hochschwingenden Energien der gesamten Geistigen Welt zusammenhängt. Er ist energetisch nach meinem Modell die Schicht, in der unsere wahre Identität, unsere Intuition, unser individueller, spiritueller Lebenssinn, das reine Bewusstsein und die bedingungslose Liebe angesiedelt sind. Hier gibt es keine Grenzen mehr. Alle Ebenen sind miteinander verbunden und kommunizieren miteinander. Dieser Körper breitet sich über unsere Zirbeldrüse in die Unendlichkeit des Universums aus. Der spirituelle Körper ist der von allen Energiekörpern am höchsten schwingende. Seine Verbindung und Kommunikation bestehen direkt zum kollektiven Körper und zum Höheren Selbst.

Diese Körper bilden unser ICH-BIN-Feld. Auch wenn wir die Schwingungen nicht sehen können, spüren wir, wenn das Feld irritiert ist. Das merken wir auch bei anderen, wenn uns auffällt, dass sie z.B. weniger gut gelaunt sind. Bei gesunden, in sich ruhenden, lebensfrohen, erfolgreichen und glücklichen Menschen sind alle Körper gleichmäßig entwickelt und in Harmonie. Wenn ein Körper mehr entwickelt ist, bekommen die anderen Defizite, weil sie zurückgedrängt oder löcherig werden. Nach meiner Vorstellung befinden sich die Körper idealerweise in unterschiedlich dicken Schichten um unseren Wesenskern herum, der sich im physischen Körper manifestiert hat.
     Dabei ist z.B. der physische Körper am weitesten zu dem spirituellen entfernt. Manche Menschen, die physisch sehr entwickelt sind oder ihre Aufmerksamkeit fast ausschließlich ihrem physischen Körper widmen, haben es deshalb oft schwer, ihre innere Stimme zu hören und ihrer Intuition zu folgen. Die Anbindung an das Höhere Selbst über den Weg durch den spirituellen Körper kann bei solchen körperlich extrem verdichteten

Menschen etwas länger dauern als bei Personen, die sich ausgeglichen sportlich betätigen.

Ist hingegen der spirituelle Körper hochentwickelt, kann es sein, dass die physische Erdung zu gering ausfällt und alltägliche Aufgaben nicht oder nicht mehr gelingen.

Traumata im kollektiven Körper können diesen so in den Vordergrund drängen, dass der emotionale Körper kaum noch Gefühle und schon gar keine positiven mehr zulassen kann. Die Anbindung an das Höhere Selbst kann dann auch nicht so leicht gelingen, weil den kollektiven Mustern der ungewollt und unbewusst Vorrang vor dem individuellen Lebenssinn gegeben wird.

Liegt das Hauptgewicht unserer Situationen im emotionalen Bereich, werden die Betroffenen nicht besonders gut in der Lage sein, weiterführend klare Gedanken zu fassen. Das emotionale Übergewicht kann auch die kollektiven Muster verdecken, so dass es schwerer fallen kann, an Ursachen heranzukommen, die durch Gruppen entstanden sind. Potenziale zu entfalten, die aus kollektiven Eigenschaften (z.B. unserer Ahnen) stammen, kann ebenfalls sehr mühsam sein.

Sind wir sehr mental ausgerichtet und haben sehr viel Wissen, aufgrund dessen wir unsere Situationen hauptsächlich bewerten und verwalten, kommen der physische und emotionale Körper zu kurz, was wiederum Auswirkungen auf die anderen Körper hat.

Jeder Körper des ICH-BIN-Feldes fühlt sich für uns anders an. Wir können die Fähigkeit entwickeln, die besondere Schwingung der einzelnen Körper nachzuempfinden. Indem wir die Aufmerksamkeit auf unser ICH-BIN-Feld richten, folgt unsere Energie dieser Richtung. Ist das Feld ausgeglichen und alle Körper sind in Harmonie wird ein Zustand des gesunden Wohlbefindens (physisch) mit innerem Frieden (mental), beständiger Lebensfreude (emotional), energiegeladener Schaffenskraft (kollektiv) und unendlichem Vertrauen (spirituell) vorhanden sein. Wir können uns fragen, welcher Körper besondere

Aufmerksamkeit braucht, wenn die mangelnde Ausgeglichenheit spürbar ist. Hier helfen die fünf Schritte der 5A Quantenheilung, um dem näher zu kommen.

In dem ICH-BIN-Feld verändern wir durch Energiearbeit die Schwingungen. Wir können die einzelnen Körper nach und nach durchgehen und die 5A-Quantenheilung anwenden oder das gesamte Feld zur Transformation veranlassen.

Besser geht immer! Egal was wir schon erreicht haben, wir können das Leben jeden Tag gesünder, glücklicher, zufriedener rocken. Die Gewohnheit mit unserem ICH-Bin-Feld so zu arbeiten, dass wir die Verbesserungsmöglichkeiten wahrnehmen, katapultiert uns in den Zustand beständiger Lebensfreude und Erfüllung.

Mit der 5A-Quantenheilung verbinden wir uns mit uns selbst und mit Feldern, die für uns förderlich sind. Die Felder, die uns bislang unbewusst blockieren konnten oder in denen wir uns ungewollt zu unserem Nachteil aufgehalten haben, können wir nun mit dieser Vorgehensweise bewusst zum Positiven verändern oder verlassen.

Für die praktische Anwendbarkeit und Wirkweise der 5A-Quantenheilung ist es unwichtig, ob die Existenz von Feldern nachgewiesen werden kann. Im Grunde gleichgültig ist es auch, ob diese Felder elektromagnetische Schwingungen oder Schwingungen anderer Art enthalten, deren Bestehen und Ausdehnen zwar aus bestimmten Indizien geschlossen aber noch nicht wissenschaftlich bewiesen werden können. Für unsere persönliche Entwicklung und Entfaltung ist nur Folgendes nötig:

Zu bemerken, worauf es uns ankommt (5A-Schritte), damit wir hierfür die Energie anpassen und erhöhen können (ANSCHWUNG).

III. Die 5A-Schritte

Jetzt ist es endlich soweit. Bist Du bereit, die fünf Schritte kennenzulernen?

- Aufmerken
- Annehmen
- Ausrichten
- Agieren
- AmBallbleiben

Hier hast Du das alltagstaugliche und nachhaltige Element der 5A-Quantenheilung. An nur einer Hand kannst Du Dir die 5A-Schrittanleitung merken und sie sekündlich dabei haben, wenn Du Dir entweder tatsächlich oder virtuell die fünf As auf die Finger einer Hand schreibst. Du schaffst Dir eine Konditionierung zwischen neuem Bewusstsein und alltäglichem Verhalten.

III.1 Aufmerken: Der Erkenntnisflash

Im ersten Schritt geht es um eine achtsame Wahrnehmung unserer Selbst. Wie geht es mir gerade? Wie fühle ich mich in diesem Augenblick? Es geht darum, sich jedes Detail bewusst zu machen, um mit Hilfe eines Gedanken-AGENTEN und eines Gefühls-AUFSPÜRERS eine möglichst genaue Situationsanalyse zu erstellen.

Viele Menschen achten noch nicht darauf, was sie gerade denken oder fühlen, welche Situationen ihnen missfallen oder angenehm sind.

Manche wissen sogar noch nicht mal, selbst wenn sie darauf achten, was sie fühlen. Sie haben keine Ahnung, ob sie gerade traurig, wütend oder verwirrt sind. Manche behaupten, sie hätten keine Empfindungen(mehr). Sie merken vielleicht, dass sich gerade etwas nicht so gut oder sogar abgestorben anfühlt, nutzen dieses Merken aber nicht, um, wie man es nennen könnte, zu transformieren. Dadurch bleibt das Gefühl unbewusst und arbeitet im Verborgenen weiter.

Wir wissen bereits, dass Gefühle als elektromagnetische Energie im Körper gespeichert werden. Nach dem physikalischen Erhaltungssatz kann Energie niemals verloren gehen. Sie wird lediglich in eine andere Form von Energie umgewandelt. Wandeln wir die durch Traumata oder durch negative Gedankenschleifen manifestierte Energie nicht um, dann senden wir negative Energien in unseren Körper und in unser Umfeld. Das ist gerade dann der Fall, wenn wir uns der negativen Gefühle und Gedanken nicht bewusst sind.

Deshalb ist es wichtig, zu lernen, aufmerksam zu sein, mit dem was bei uns selbst im Innen und im Außen geschieht. Wir installieren in unserem Inneren Dialog den Gedanken-AGENTEN und den Gefühls-AUFSPÜRER. Einfach erläutert, können wir uns vorstellen, dass der Gedanken AGENT vornehmlich auf der linken Hirnhälfte des Großhirns tätig ist, weil es um das ausdrückliche Artikulieren der Gedanken zu allen Lebensbereichen geht. Also wird das Analysieren, was zum großen Teil ja auf der linken Hälfte geschieht, bemüht. Der Gefühls-AUFSPÜRER arbeitet hauptsächlich auf der rechten Gehirnhälfte und verbindet beide Hirnhälften für die Code- Entschlüsselung des Gefühlssystems. Denn für die Gefühlsverarbeitung ist ja, wie wir gesehen haben, die rechte Gehirnhälfte zuständig.

Der Gedanken-AGENT unterstützt Dich mit folgenden Sätzen:

- Merke auf, was Du denkst!
- Merke auf, was Du fühlst!
- Merke auf, welcher Gedanke zu welchem Gefühl passt!
- Merke auf, welches Gefühl welchen Gedanken hervorruft!
- Merke auf, welche Situation zu welchen Gedanken und Gefühlen führt.

Da auch Du ca. 60.000 Gedanken pro Tag denkst und es ein Wechselspiel zwischen Gedanken und Gefühlen gibt und unsere Gedanken beziehungsweise Bewertungen die Grundlage unserer Gefühle bilden[33], geht es beim Gedanken-Agenten darum, die Gedanken aufzuspüren und bewusst zu machen, welche uns bremsen und welche uns nach vorne bringen und unser Leben auf eine konstruktive, positive Weise beeinflussen können.

Der Verstand möchte uns immer vor Gefahren retten, er möchte, dass es uns möglichst gut geht. Durch ihn hören wir oft als erstes unsere negativen Erfahrungen, mit denen er die innere Stimme, also unsere Intuition übertönt. Dadurch verhindert er oft, dass wir authentisch sein können, weil wir dann nicht zu dem stehen, was wir wirklich wollen. Welche Gedanken positive oder negative Gefühle machen oder welche Gefühle mit welchen Gedanken zusammenhängen, klärt der Verstand durch Bewertung. Hier können wir ansetzen, wenn wir uns verändern wollen.

Durch den Gefühls-AUFSPÜRER versetzen wir uns in die bewusste Lage einerseits die Gefühle und andererseits die Wechselwirkung zwischen Gedanken und Gefühlen aufzudecken. Wir können die Vergangenheit nicht mehr rückgängig machen und die Zukunft nur von diesem Moment aus gestalten. Das bedeutet: Nur wenn wir im Hier und Jetzt genau hinspüren, können wir Veränderungen bewirken.

---

33 Siehe oben Seite 21.

Da Gefühlsimpulse zuerst im Herzen ankommen und dann an das Hirn zur Verarbeitung geleitet werden, ist es wichtig, der Gedankeninterpretation des ankommenden Gefühls zu vertrauen. Wir schulen unsere Intuition, wenn wir wieder lernen, die Sprache unseres Herzens und damit unserer rechten Gehirnhälfte zu verstehen. Wenn wir nicht wissen, wovon unsere innere Stimme spricht, haben wir keine Chance, mit ihr in den Dialog zu gehen und ihr Raum zu geben. Wir sind weder nur unser Verstand noch nur unsere innere Stimme. Da unsere Intuition aber aus dem Herzen und dem Bauch kommt, ist sie authentisch. Sie weiß, was richtig und falsch ist. Je nachdem, ob die Antwort aus dem Innern uns gute Gefühle, wie Leichtigkeit, Beschwingtheit, Vorfreude, Wertschätzung, Erleichterung oder aber z.B. Schwere, Angst, Unzufriedenheit oder gar Wut beschert, sollten wir den Weg einschlagen oder lieber verlassen. Um das entscheiden zu können, 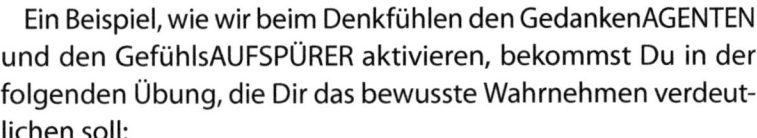 brauchen wir das bewusste AUFMERKEN in unserer Wirklichkeit. Wir beginnen zu DENKFÜHLEN. Das ist wie ein Erwachen!

Ein Beispiel, wie wir beim Denkfühlen den GedankenAGENTEN und den GefühlsAUFSPÜRER aktivieren, bekommst Du in der folgenden Übung, die Dir das bewusste Wahrnehmen verdeutlichen soll:

ÜBUNG

Nimm ein Blatt Papier oder eine Seite Deines Tages-Notizbuches und unterteile es in drei senkrechte Spalten. Über die erste Spalte schreibst Du: Gedanken, über die zweite: Gefühle, und über die dritte: Bewertung.

a) GedankenAGENT
Schreibe nun in die erste Spalte bis zu fünf Gedanken auf, die Dir aus dem Kopf in den Kuli schießen. Ganz spontan, ohne nachzudenken, ohne zu bewerten oder innezuhalten. Folge einfach dem Strom Deiner Gedanken. Danach wechselst Du zur dritten Spalte und be-

wertest jeden einzelnen Gedanken zunächst allgemein. Gibt er Dir ein positives Gefühl, ein negatives oder bleibst Du gleichgültig? Für positiv machst Du in Höhe Deines Gedankens in der dritten Spalte ein Pluszeichen, für negativ ein Minuszeichen und für unberührt einen Kreis. Wir sehen also schon hier, dass die Gedanken mit Gefühlen in Wechselwirkung stehen.

b) GefühlsAUFSPÜRER
Wenn Du nun weißt, dass Dein Gedanke positiv oder negativ auf Dich gewirkt hat, kannst Du in die zweite Spalte schwenken und herausfinden, welches Gefühl im Detail zu der allgemeinen Bewertung passt. War es Traurigkeit, Wut oder gar Hass? Oder hast Du bei den Pluszeichen Freude, Begeisterung, vielleicht Ekstase empfunden? Ging es um Zufriedenheit oder Geborgenheit oder inneren Frieden?

Hast Du diese Übungen ein paarmal gemacht, brauchst Du bald nichts mehr aufzuschreiben. Du machst Dir dieses „DENKFÜHLEN" zu Deiner körperlich-geistigen Gewohnheit und RockDeinLeben beginnt ganz von selbst.

III.2   Annehmen: Das Heilvitamin

Annehmen heißt akzeptieren, was ist, sich hingeben, an alles, was ist. Alles folgt einer vollkommenen Ordnung und ist deshalb in Ordnung. Wir können alle Widerstände, alle kritischen Stimmen und Gedanken gegen das, was ist, aufgeben. Alles, was wir in diesem Moment beim Aufmerken entdecken, ist okay. Wir sind bereit, die Verantwortung dafür zu übernehmen. Wir können aufhören zu kämpfen, müssen nicht länger bewerten und lassen los.

III.2.1 Akzeptieren

Wenn wir etwas gemerkt haben, das uns nicht erfreut, wäre es ja schön, es zu verändern. Voraussetzung dafür ist, sich dem hinzugeben, was in uns und um uns vorgeht. „Sei bereit zu sterben" heißt es im Kundalini Yoga, um diese vollkommene Hingabe zu beschreiben. Das bedeutet lediglich, dass wir mit all dem, was uns betroffen macht, in unsere Mitte gehen. Wir wissen, dass wir nicht sterben, nur weil wir traurig, wütend, ängstlich sind oder uns missachtet und angegriffen fühlen. Es fühlt sich nur so an, als wenn unser letztes Stündlein geschlagen hätte, wenn wir z.B. von unserem Partner verlassen werden. Aber das sind nur die vom limbischen System aktivierten archaischen Ängste. Wenn wir in der Steinzeit von der Sippe verlassen wurden, waren wir zum Tod verurteilt, weil niemand in der damaligen Zeit allein überleben konnte. Das ist heute anders. Es gibt genügend Hilfe für jegliche Art von Themen, die uns aus der Bahn werfen. Wir alle sind es wert, geliebt zu werden, egal was wir getan haben. Das hört sich für unsere westlichen Ohren merkwürdig an, weil wir in einem System von Bestrafung gefangen sind. Es wird mit Angst gearbeitet, anstatt damit, Werte verständlich und erstrebenswert zu vermitteln. Begeisterung für das Leben von Werten zu erzeugen ist in Vergessenheit geraten. Liebevolles Verhalten, wird als suspekt oder als langweilig betrachtet. Wenn wir akzeptieren, dass wir liebenswert sind und lieben dürfen, auch wenn wir uns nicht regelkonform verhalten haben oder andere Menschen sich von uns abwenden, können wir uns allen Situationen und Gefühlen hingeben und (!) uns unseres Selbst-WERTES bewusst sein. Erleichterung wird dann schon spürbar sein. Es ist wichtig dem negativen Gefühl RAUM zu GEBEN. Es darf da sein. Jedoch wird uns bewusst, dass wir nur von diesem Raum aus verändern können. Und das ist auf eine positive Weise ungeheuer spannend.

III.2.2 Aufgeben von Widerstand

Annehmen bedeutet, den Widerstand aufzugeben. Es ist erst mal wie es ist.

Es ist in Ordnung, was da ist.

Jeder Gedanke, auch wenn er jemanden verletzen will, jedes Gefühl, das Angst ist, die totale Unbescheidenheit oder Verzweiflung für uns bedeutet, darf da sein. Es hat ja irgendwo seinen Ursprung, dass wir so denken oder so fühlen.

Sich zu erlauben, sein Denken und seine Gefühle als für sich zunächst richtig zu betrachten, SCHAFFT RAUM, die innere Stimme zu vernehmen. Es gibt kein Richtig oder Falsch. Es gibt nur anders. Wenn wir lernen unsere Bedürfnisse und unsere geheimen Wünsche sowie unsere unerwünschten Stimmungen wie Angst, Wut, Hass, Ärger oder Unzufriedenheit als wegweisend zuzulassen, können wir die Richtung ändern.

III.2.3 Aufhören zu kämpfen

Wenn wir im Annehmen sind, hören wir auf zu kämpfen. Einfach dem nachzugeben, was uns passiert, macht uns leicht. Sich dem ergeben, was uns gerade verletzt, was uns Angst macht oder angreift, was unseren Selbstwert in Frage zu stellen scheint, birgt die Chance auf positive Veränderung.

Es ist eben, wie es ist, wenn ich z.B. gemobbt werde oder mich so fühle. Je mehr ich dagegen ankämpfe, gemobbt zu werden, desto höher werden die Mobbingwellen schlagen. Denn die Energie folgt der Aufmerksamkeit. Ein Mobbingopfer wird umso mehr in die Ecke gedrängt werden, je mehr es möchte, dass die „Mobber" zugeben, sich falsch zu verhalten. Der Fokus liegt dann auf dem falschen Verhalten der anderen und wird sich, dem Gesetz der Resonanz entsprechend, verstärken. Wir machen uns selbst zum Opfer. Wenn wir stattdessen aufhören zu kämpfen, ist Platz für uns selbst, für unsere Mitte, in der wir uns im Zustand des Kampfes nicht befinden. Hören wir auf, gegen die Meinung oder Urteile anderer über uns, anzukämpfen, geben wir unserem Selbstwert und unserer Selbstliebe die Chance zu wachsen. Denn das, was andere gegen uns unternehmen, hat nichts mit unserer Authentizität zu tun, sondern nur mit der Resonanz, die in uns ist. Es ist wie ein Spiegel: Wenn ich bemerke, dass mich etwas berührt oder betroffen macht, was ich aus meinem Umfeld wahrnehme, kann ich diese Wahrnehmung benutzen, um Verantwortung im oben beschrieben Sinne[34] zu übernehmen und eine positive Richtungsänderung einzuschlagen. Denn wir sind nicht unsere Resonanz. Bei Bewusstwerdung unserer Resonanz können wir diese zugunsten unserer Authentizität verändern.

III.2.4 Aussteigen aus negativen Bewertungen oder Urteilen

Bewertungen und Urteile bergen grundsätzlich die Eigenschaft der Dualität in sich. Unter Dualität verstehe ich bewertete Polarität. Ein Gedanke ist positiv oder negativ, ein Gefühl gut oder schlecht, eine Situation angenehm oder unangenehm. Ohne Bewertungen kommen wir nicht aus. Wir Menschen sind denkende und damit bewertende Wesen.

Aus der Zeit mit dem berühmten und vielzitierten Säbelzahntiger stammt es, dass wir zunächst einmal auf der Hut sind. Wenn eine echte Gefahr für unser Leben besteht, entscheiden wir nicht über unseren Verstand, also unter Benutzung unseres Großhirns. In „echten Lebensgefahren" entscheidet unser entwicklungsgeschichtlich ältester Teil des Gehirns, das Stammhirn bzw. das Limbische System, reflexartig, ob wir schnell weglaufen oder

---

34 Siehe oben, S. 12.

kämpfen müssen, weil es zum Weglaufen zu spät ist. Auf alles Neue, Unerwartete und Innovative reagiert unser Körper heutzutage noch genauso. Doch da die meisten unserer heutigen, modernen Themen nicht unter echter Lebensgefahr gelöst werden müssen, haben wir die Chance, unser Bewusstsein so zu trainieren, dass wir nicht immer erst auf die Gefahr schauen müssen, sondern auf das, was gut laufen könnte. Wir können den Pfad der vorrangig bestehenden Angst verlassen und den Weg des Vertrauens benutzen. Wenn wir schon bewerten müssen, ist es doch für unser Wohlbefinden, unser Wachstum und unseren Erfolg effektiver, aus dem Kreislauf der hemmenden Reaktionen, Gedanken und Gefühle auszusteigen. Denn sowie wir unsere Gedanken bewerten, so zeigen sich unsere Gefühle[35].

Wir haben keine Gefühle- Wir machen die Gefühle!

Die Art und Weise, wie wir denken, ist uns nicht angeboren. Wir lernen durch Erfahrung und Erziehung, Situationen und Verhalten von Menschen zu bewerten.

Indem wir umlernen, anders denken und damit anders bewerten, erzeugen wir andere Gefühle.

Habe ich z.B. von meinem Vater nur dann Anerkennung oder den Satz „Ich hab Dich lieb" gehört, wenn ich gute Noten aus der Schule nach Hause gebracht habe, bewerte ich wahrscheinlich Leistungserbringung als Voraussetzung für Liebe. Liebe ist nur bedingt möglich, nämlich nur dann, wenn ich gute Arbeit oder Ergebnisse zeige. Wenn ich aber Liebe nur erhalte, wenn ich leiste und leiste, dann ist der Burnout wohl vorprogrammiert. Denn wir wollen ohne Liebe nicht leben. Ein Grundbedürfnis ist es, geliebt zu werden. Allerdings ist wahre Liebe bedingungslos. Geliebt zu werden, einfach nur weil man geboren worden ist,

---

35 Siehe oben, S. 23.

bezeichne ich als GRUNDRECHT eines jeden Menschen. Wenn wir wissen, dass wir nicht unsere Handlungen oder unsere Leistungen sind, sondern liebenswert unabhängig davon, was wir „verzapfen" oder was andere über uns sagen, nehmen wir eine andere Haltung zu unser Wirklichkeit ein. Dann kann ich das tun, was ich wirklich will, weil nicht meine Handlungen sondern mein Dasein mich liebenswert sein lassen. Fange ich an, meine Leistungen unter dem Aspekt „eigene Berufung" zu betrachten, ändert sich die Bewertung als Liebes- oder Anerkennungserfordernis. Wir bewerten unsere Gedanken an Arbeit dann nicht mehr unter einer Angst, bei Versagen nicht geliebt zu werden, sondern mit der Freude, das zu tun, was uns entspricht.

Die Bewertungen und Einstellungen, die wir beim „Aufmerken" mit einem unerfreulichen Gefühl verbunden haben, gehen zu lassen, wie ein Luftbläschen, das in die Wasseroberfläche „aufgurgelt" bedeutet Annehmen.

Das gleiche gilt für negative Urteile über uns und über andere. Wir können nicht erwarten, dass andere über uns positiv denken und reden, wenn wir selbst uns immer wieder verurteilen. Negative Kritik ist Energie, die in Resonanz geht. Wollen wir mehr Anerkennung von anderen haben, ist es wichtig erstmal in uns selbst diese Anerkennung zu erzeugen. Das geht nur, wenn wir die negativen Gedanken über uns erst mal an die Oberfläche kommen lassen, damit Platz für positive geschaffen wird. Ebenso ist es mit negativ urteilenden Äußerungen von anderen. Die Gedanken, die wir hierzu haben, die unsere Gefühle machen, einfach gehen zu lassen, ist Annehmen dessen, was ist und macht Urteile anderer unwichtig.

III.2.5 Ablassen durch Loslassen

Halten wir an etwas fest, befinden wir uns in einer Starre, die weder eine Veränderung, geschweige denn eine Verbesserung unserer Gegenwart und schon gar nicht unserer Zukunft zulässt.

Wir erstarren

- in der Trauer um einen geliebten Menschen,
- in Schuldgefühlen für eine längst vergangene Handlung,
- in ständiger Angst um unsere bereits erwachsenen Kinder,
- in Wut auf jemanden, der uns verletzt hat,
- in Forderungen und Ansprüchen an das Leben und an andere.

Hierdurch zeigt sich, dass die bestehenden, geschehenen Situationen nicht mit unseren Wünschen und Erwartungen im Einklang stehen. Loslassen bedeutet, sich den Gegebenheiten anzupassen. Einer anderen Denk-und Fühlweise eine Chance einzuräumen, bedeutet loslassen.

Wir können uns die Frage stellen:

Ist das wirklich wahr, dass ich z.B.
- völlig allein bin, weil mein Mann gestorben ist?
- allein „schuldig" bin, dass meine Schwester Deutschland verlassen hat, weil ich gesagt habe, sie passe gar nicht hierher?
- meine Kinder nur mit meiner Hilfe ihr Leben meistern können?
- immer noch wütend sein muss, weil mich vor 10 Jahren jemand beleidigt hat?
- einen Anspruch habe, genau die Worte der Entschuldigung zu hören, die ich mir vorstelle?

Wenn wir loslassen, aktivieren wir einen Teil in uns, der während des Festhaltens nicht gespürt werden kann: Unsere Macht, unsere Realität zu gestalten. Durch das Loslassen werden wir frei von dem unerwünschten Gefühl, den unerfreulichen Gedanken. Schon entspannt sich unsere Situation. Es besteht die Möglichkeit, dass schlagartig alle psychosomatischen Beschwerden, Depressionen und Schwächeanfälle verschwinden. Wir haben dann die Chance andere Gedanken und Gefühle zu kreieren.

Loslassen ist nicht passiv. Loslassen erfordert aktive Öffnung für andere Perspektiven. Denn hadern wir nicht weiter damit, dass unser Geliebter uns verlassen hat, weisen wir weder uns noch ihm Schuld zu, sondern haben nur eine Situation, an der auch wir beteiligt waren. Wenn wir an einer Situation beteiligt sind, können wir auf diesen Teil auch einwirken. Daraus wird sich eine völlige Umgestaltung ergeben. Denn wenn ein Teil sich ändert, kann das Ganze nicht bleiben wie es war. Durch Loslassen Verantwortung zu übernehmen für alles, was uns passiert, bedeutet, dass wir nicht mehr Opfer sind. Wenn wir wegen des Gesetzes der Resonanz wissen, dass wir unsere Situationen gänzlich selbst geschaffen haben, dann haben wir auch selbst die Eigenmacht, uns und unsere Wirklichkeit neu zu gestalten.

An dieser Stelle lade ich Dich noch einmal ein, Dir bewusst vorzustellen, dass Du alles, was um Dich herum und in Dir geschieht, erschaffen hast. Das bedeutet im Umkehrschluss, dass es auch in Deiner Kreativität liegt, Dein Leben so zu rocken, wie Du es Dir wünschst!

III.3 Ausrichten: Der Wunschturbo

Wenn das bewusste Annehmen unsere Denk- und Handlungsfähigkeit ermöglicht, dann können wir uns als nächstes fragen: Was will ich wirklich? Was soll geschehen? Was wäre jetzt gut für mich? Was will ich stattdessen? Der Gedanke, der nach dieser

Fragestellung als erster auftaucht, ist automatisch richtig. So üben wir, uns zu vertrauen und auf unsere innere Stimme zu hören. Ausrichten heißt, in uns hineinzuhorchen, was uns wirklich begeistert, was ein Kribbeln im Bauch hervorruft, was sich leicht und freudvoll anfühlt. Das Ausrichten ist der Wunschturbo. Erst wenn wir uns im Klaren sind, was wir wirklich wollen, können wir entsprechend handeln und das energetisch anziehen, was gut für uns ist.

Und jetzt wird`s spannend. Denn nun kommen wir ins Gestalten. Wir bleiben nicht mehr da stehen, wo wir uns unwohl, nicht zu Hause oder nicht angenommen fühlen. Wir starten die Rakete! Los geht's! Rock Dein Leben!

Wir richten uns neu aus.

Wir stellen uns eine Frage, wir formulieren einen Wunsch, wir manifestieren den Wunsch als Ziel, wir schauen nach Hindernissen, wir machen einen Wenn-Dann-Plan.

III.3.1   Fragen stellen

Um voran zu kommen und bewusst mein Leben zu gestalten, ist es erforderlich, zu wissen, wie es weitergehen soll.

- Was will ich wirklich?
- Was soll geschehen?
- Was wäre jetzt gut für mich?
- Was will ich anstelle der Dinge, die mich blockieren?
- Was ist mein Herzenswunsch?

Darauf zu vertrauen, dass der erste Gedanke, das erste Bild, richtig ist, stärkt unsere Intuition. Vom Verstand her können Zweifel auftreten. Das ist aber nur das Aufflackern der alten Denkweise. Wenn wir uns verändern wollen, sollten wir auf unsere innere Stimme hören.

Um nicht in der negativen Energie oder der unerfüllten Energie stecken zu bleiben, ist es wichtig, den Fokus zu verändern. Die Energie folgt der Aufmerksamkeit, also beschäftigen wir uns mit dem, was wir wollen, nicht mehr mit dem, was wir nicht wollen.

Habe ich im Aufmerken z.b. herausgefunden, dass ich nicht mehr so dick sein will, weil ich dadurch ein Gefühl von Schwere und Unflexibilität und Unattraktivität habe, will ich weg davon. Durch das Annehmen bekomme ich die Grundlage für die Richtungsänderung. Im Ausrichten stelle ich klar, wohin ich will: Ich will schlank, spontan, attraktiv sein, weil ich dann das Gefühl von Sicherheit und Stärke habe. Hier kommen die Grundsätze der positiven Psychologie von Martin Seligmann zum Tragen. Meistens ist schnell klar, wenn ich weiß, wovon ich weg will, dass ich ausdrücken kann, worauf ich zusteuern möchte. Wir üben bewusst die Bewegung „Weg von – Hin zu":

Wir bewegen uns
- weg von   Begrenztheit- hin zur Freiheit,
- weg von   Chaos-   hin zur Ordnung,
- weg von   Einsamkeit-   hin zur Geselligkeit,
- weg von   Wut-   hin zur Gelassenheit,
- weg von   (Geld)Mangel- hin zu Wohlstand und Reichtum.

Sollten wir mal nicht gleich drauf kommen, was wir wirklich wollen, liegt das meistens daran, dass wir uns nicht erlauben, Wünsche an oder Vorstellungen von einer anderen Wirklichkeit zu haben. Wir meinen dann, noch bevor wir den Wunsch richtig ausgesprochen haben, das gehe sowieso nicht, wir hätten zu wenig Geld, wir schafften das nicht, wir seien zu alt oder zu wenig ausgebildet. Dieses sind alles begrenzende Glaubenssätze, die es hier im Ausrichten umzukehren, zum Positiven zu verändern gilt. Hiermit leiten wir Transformation in jeglicher Hinsicht ein: Uns zu verändern und dadurch ebenfalls unser Umfeld und sogar unser eigenes Feld.

Ein weiterer Grund, warum unsere geheimsten Wünsche nicht zum Vorschein kommen wollen, liegt darin, dass wir oft durch unsere alte Denkweise in einem Status von „müssen" gefangen sind. Wir müssen dies, wir müssen das und haben keinen Platz für das Wollen. Es fehlt an der Möglichkeit für Freiwilligkeit, was jegliche kreative Idee blockiert. Machen wir uns klar, dass immer auf der anderen Seite von MÜSSEN ein WOLLEN steht, bemerken wir, dass wir konkrete Gründe haben, warum wir bestimmte Dinge tun.

Wenn ich z.B. nicht aufstehen muss, sondern will, weil ich bei einem schönen Frühstück meinen Hunger und Durst stillen kann und weil ich dann, bevor ich zur Arbeit gehe, noch Zeit mit meinen Liebsten verbringen kann, ist das Aufstehen ein Wollen geworden.

Wenn wir etwas wollen und uns begründen, warum wir es wollen, entsteht kreative Freiwilligkeit. Verschiedene biochemische Prozesse im Körper bewirken dann, dass Denk- und Gefühlsblockaden verschwinden.

Untersuchen wir die Dinge bewusst darauf, was der Grund für ein vermeintliches Müssen ist, finden wir leicht heraus, was wir wirklich wollen.

Es gibt aber auch einen Trick auf der mentalen Ebene, der uns aus dieser alten, negativen Denkweise, die Gefahren im Blick hat und uns blockiert, herausbeamt: Stell Dir vor, Du seist in einem Märchen und Du hättest einen Flaschengeist befreit, der Dir nun zeitlebens Deine Wünsche erfüllen würde. Voraussetzung ist nur, dass Du dem Dschinn sagst, was Du gerne möchtest, denn sonst kann er ja nicht tätig werden. Was hättest Du gerne, wenn Du es dir von jemandem wünschen könntest, der alles, aber auch wirklich alles, was Du Dir vorstellst, erfüllen kann? Einen Ferrari, einen knackigen jungen Mann, eine wundervolle

Frau, Liebe, erfüllte Partnerschaft, Reichtum, Erfolg, Berühmtheit oder vollkommene Gesundheit.

Na? Weißt Du jetzt, was Du möchtest? Zeit für die nächsten Übungen!

ÜBUNG

Fokusänderung- Einstellungsänderung
Teile wieder eine Seite Deines Tagebuchs oder Notizheftes in (diesmal nur)zwei Spalten. Über die linke Spalte schreibst Du: „Was ich nicht mehr will." Über die rechte Spalte schreibst Du: „Was ich stattdessen möchte". Schreibe nun zuerst mindestens fünf Dinge in die linke Spalte, die Du nicht mehr in Deinem Leben willst. Danach stellst Du in der rechten Spalte den Gedanken aus der linken Spalte das gegenüber, was Du stattdessen möchtest. Welche anderen Werte, anderen Dinge, anderen Gefühle, anderen Menschen, anderen körperlichen Befindlichkeiten sind es?

III.3.2 Wunschformulierung

Haben wir rausgefunden, was wir möchten, können wir den Wunsch konkret formulieren. Die konkrete Formulierung rückt die Energie auf das, was uns innewohnt, was uns entspricht, was authentisch für uns ist. Das sind jetzt unsere eigenen Wünsche, nicht die von Mutter, Vater, Lehrer, Schwester, Bruder oder Opa und Oma oder Freunden.

Um den Wunsch für uns richtig wichtig zu machen, weil wir vielleicht das Gefühl haben, wir stehen noch nicht ganz dahinter, sollten wir für uns begründen, warum wir diesen Wunsch verfolgen.

- Ich will in den Urlaub fahren, weil ich mich erholen möchte, um mich stärker zu fühlen.

- Ich will ein neues Auto haben, weil ich mich beim Fahren sicherer als in meinem alten Auto fühlen möchte.
- Ich will reich sein, weil ich mich dann frei fühle.
- Ich wünsche mir einen Lebenspartner, weil ich gerne zu zweit verreisen möchte, was mich glücklich macht.
- Ich möchte eine größere Wohnung, weil ich mir ein Arbeitszimmer einrichten möchte, damit ich selbstständig sein kann.

Oder welches Gefühl genau soll ein unangenehmes ersetzen? Wenn wir Angst verspüren, fragen wir uns: was will ich stattdessen spüren: vielleicht Sicherheit. Ich will in Sicherheit sein

Statt der Wut will ich Gelassenheit
Ich will weg von Trauer hin zu Fröhlichkeit,
Von Ungeduld zu Tatkraft.
Wir formulieren konkret, was wir spüren wollen:
Ich will –Anerkennung, Erfolg, Reichtum, Erfüllung, Liebe, Glück.

III.3.3   Vom Wunsch zum Ziel

Es ist gut zu wissen, was Du willst. Immerhin ist das schon einen Schritt weiter, als wenn Du nur weißt, was Du nicht willst. Unter dem Blickwinkel des Resonanzgesetzes sind die Schwingungen eines Wunsches zu schwach, um in die Realität wechseln zu können. Denn ein Wunsch hat den Fokus auf Wollen, auf dem, was Du Dir erlaubst, zu wollen und kann deshalb leicht im Stadium des Wollens, des Wünschens stecken bleiben. Ein Ziel ist ein manifestierter Wunsch, das bereits so verankert ist, dass wir den Eintritt, den Erfolg bereits in uns tragen. Es ist eine feste Absicht. Wir sehen das Ziel bereits so, als ob es schon da wäre. Wir sind überzeugt, dass unsere Absicht verwirklicht wird. Deshalb benutzen wir ab jetzt, nachdem wir wissen, was wir wollen, bekräftigende Sätze im Präsens, die den Eintritt des Ziels quasi

„vorwegnehmen". Wir produzieren nur noch positive Formulierungen, damit wir dem Gesetz der Resonanz entsprechend begeistert den Fokus auf das legen, was uns erfüllt und bereichert und nicht mehr auf das, was wir ablegen wollen. Dadurch geben wir unserem System starke Anordnungen, die unser Unterbewusstsein in Erfüllung gehen lassen will und ständig daran arbeitet, bis das Ziel erreicht, die Absicht verwirklicht, der Auftrag ausgeführt ist. Sätze wie:

> „Ich bin reich."
> „Ich bin gelassen."
> „Ich habe eine erfüllte Beziehung."
> „Ich bin vollständig gesund."
> „Ich habe Kraft, für alle Dinge, die ich erledigen möchte."

dürfen zur Gewohnheit werden. Wir legen den Fokus nur noch auf das Positive, visualisieren und stellen uns vor, was und wie wir uns fühlen, wenn unser Ziel erreicht ist. Ein Satz aus dem Buch „Die Möwe Jonathan" von dem amerikanischen Autor Richard Bach lautet:

„Man muss schon da sein, bevor man angekommen ist."

Allerdings ist hier das Müssen so zu verstehen, dass wir frei sind zu visualisieren. Wir dürfen auch da bleiben, wo wir sind. Es ist unsere Entscheidung, etwas zu ändern und auf ein Ziel zuzugehen oder es zu lassen.

III.3.4   Zweifel und Hindernisse

Während wir uns auf unser Ziel einstimmen, kommen oft noch alte Zweifel hoch oder Gedanken an Situationen, die den Erfolg unseres Zieles in Frage stellen oder vereiteln könnten. Zweifel sind niedrig schwingende Energie, die an die höher schwingende Energie unseres Zieles angepasst werden- in diesem Fall- muss, um nicht mehr aus dem „OFF" zu wirken. Hier beginnen wir im Grunde wieder beim Aufmerken und benennen die Zweifel und Hindernisse, um mit ihnen so umgehen zu können, dass das Ziel doch erreicht wird. Wir können zur Bekräftigung unserer zu verwirklichenden Absicht, unseres Zieles, ein „auch wenn+ Zweifel" hinzufügen. Wenn wir in unserer momentanen Situation den Dispokredit in Anspruch nehmen, ist es vielleicht schwierig, von „Ich bin materiell reich" zu sprechen. Also können wir ergänzen: „Ich bin materiell reich, auch wenn ich im Moment den Dispokredit in Anspruch nehme." Oder: „Ich bin vollständig gesund, auch wenn ich gerade eine Halsentzündung habe". Oder: „Ich bin schlank, auch wenn ich noch nicht weiß wie".

Dann gehen wir direkt aus der Realität des „Hier und Jetzt" vor. Wir vermeiden so, uns mit einer eingeredeten rosaroten Brille alles schönzureden und uns selbst zu betrügen. Dadurch bleibt der Fokus auf dem, was du wirklich willst und überwindest den Zweifel und räumst eventuelle Hindernisse aus dem Weg.

III.3.5 Wenn-Dann-Plan

Erfolg haben und Ziele erreichen bedeutet nämlich, einmal mehr aufzustehen, als hingefallen zu sein. „Stolpern, aufstehen, Krone gerade rücken, weitermachen!" In der Sprache der 5A-Quantenheilung heißt das

Aufmerken Annehmen Ausrichten

Unsere Ziele sind so verankert, dass uns Hindernisse nicht aus der Bahn werfen. Wenn wir uns fokussieren, können wir uns bewusst machen, dass Hindernisse nur dazu da sind, das Ziel zu bekräftigen. Wenn etwas das Ziel nicht sofort eintreten lässt, dann richte ich mich einfach neu aus. Ist das Ziel noch das, was ich wirklich will oder ist inzwischen etwas Anderes dran? Ich kann hier auch bereits einen Plan B entwerfen, falls mir Hindernisse einfallen, die mich auf meinem Weg zum Ziel stolpern lassen könnten. Der Plan B kann detaillierte Handlungsvarianten enthalten, die ich dann vornehme, falls sich tatsächlich Hindernisse in den Weg zum Ziel stellen sollten.

Diese bewusste Vorgehensweise in Bezug auf das, was ich wirklich will, ist schon die halbe Miete für gewollte Realitätsgestaltung. Ich nenne das Ausrichten deshalb den Wunschturbo.

 ## III.4   Agieren: Der Erfüllungsbooster

Nun kommen wir vom mentalen Vorgehen ins Handeln. Wir werden aktiv und folgen unserer inneren Begeisterung. Alles ist bewusst gemacht und verankert. Wir können gewiss sein, dass die Energie der Aufmerksamkeit folgt. Wissenschaftler haben herausgefunden, dass 76 Stunden die magische Zahl ist. Alles, was in diesem Zeitraum angefangen und umgesetzt wird, verspricht Erfolg. Das Agieren bringt als Erfüllungsbooster das in Dein Leben, was du dir im Ausrichten als Ziel vorgestellt hast. Es geht um den ersten Schritt, manchmal ist das nur eine minimale Veränderung, ein Schritt ins Freie, um frische Luft zu schnappen, ein kurzes Telefonat oder ein Blick in die Stellenanzeigen der Wochenendzeitung. Hauptsache ist, dass wir es aus tiefstem Herzen mit Blick auf unser Ziel tun. Und Du kannst jeden Tag erneut den ersten Schritt wagen!

III.5 AmBallbleiben: Die Authentizität

Jetzt ist es an der Zeit, unsere neue Realität zu verwirklichen. Die ersten vier Schritte der 5A-Quantenheilung ziehen in unseren Alltag ein, werden immer selbstverständlicher und je häufiger wir sie anwenden, umso achtsamer und effektiver werden wir in unseren einzelnen Veränderungsschritten. Hirnforscher haben herausgefunden, dass das Gehirn um die 21 Tage braucht, um neue Verhaltensweisen fest zu installieren. Wenn es uns gelingt, 21 Tage in Folge eine andere Denk- oder Verhaltensweise anzuwenden, dann können wir alte Gewohnheiten abstreifen und uns neue zu eigen machen, die direkt zu einem beglückenden, freudvollen, leichten und erfüllten Leben führen. Dadurch werden Botenstoffe im Gehirn ausgeschüttet, die das „Belohnungszentrum" und Zufriedenheits- und Glücksgefühle aktivieren. Transformation von negativen in positive Gedanken ist eine Lebensphilosophie, die sich durch AmBallbleiben einstellt. AmBallbleiben erinnert uns im Alltag daran, zu beobachten, was wir denken und spüren, all das bedingungslos anzunehmen, uns neu auszurichten und danach zu handeln. Wir warten hier POSITIV GESPANNT ab, wie und auf welchem Weg ein Ziel nach dem anderen erreicht wird.

AmBallbleiben bedeutet Authentizität, weil wir so zuerst unser Denken, dann unsere Gefühle, unsere Ausstrahlung, unser Verhalten und letztendlich unser Leben verändern und immer stimmiger und freudvoller werden. Wir bleiben am Ball, auch wenn wir eine 21 Tage-Übung nicht einhalten konnten. Dann dehnen wir unsere Umlernphase eben aus. Auf die weiteren 21 Tage kommt es bei Betrachtung des bereits abgelaufenen Lebens doch wohl nicht an. Wenn Du am Ball bleibst, weil es ok ist, auch mal zu vergessen seine Gewohnheit zu verändern, bist Du schon wieder in der Veränderung. Denn wenn Du bemerkst, dass Du wieder in eine alte Gewohnheit gefallen bist, hast Du gleichzeitig die Chance wieder das Neue zu tun, wenn Dir das noch wichtig ist.

Die fünf Schritte bilden die Grundlage der 5A-Quantenheilung. Grob gesagt beschäftigen wir unseren Verstand, verbinden die rechte mit der linken Hirnhälfte, indem wir uns eine positiv bewertende Sichtweise angewöhnen. Dadurch schaffen  wir die Basis für eine Emotionalität, die unsere Realität nachhaltig verbessern kann, wenn wir dieser Gefühlswelt entsprechend handeln.

IV. 5A-Quantenheilung im Coaching – Anwendungsbeispiele für Fortgeschrittene

So, du weißt jetzt alles von der Theorie bis zur Praxis.

Das heißt, Du kannst Dich jetzt selbst coachen und heilen und andere in ihrer Selbstentwicklung und -heilung unterstützen.

Wendest Du die fünf Schritte und die zwei Punkte gewohnheitsmäßig an, wählst Du aus dem Meer aller Möglichkeiten aktiv Deine gewünschte Realität aus. Diejenigen, denen du ANSCHWÜNGE gibst, können die Impulse ebenfalls für ihre individuelle Wirklichkeitsgestaltung nutzen. In der 5A-Quantenheilung erreichen wir durch die einzigartige Kombination aus Mentalcoaching und Energiearbeit, dass wir mit Schwingungen auf Schwingungen einwirken, so dass es möglich ist, die Realität in jeder Hinsicht des Lebens positiv zu gestalten.

Durch die 5As werden wir uns der einzelnen Elemente unseres täglichen Lebens bewusst. Gewohnheiten werden überprüft, ob sie noch hilfreich und weiterführend sind. Jetzt haben wir ein Werkzeug, mit dem wir jederzeit leicht unseren Fokus ändern können, um mit den 5As und den 2 Punkten, die Realität durch passende Handlungen an unsere Wünsche anzupassen.

Hinter jedem der 5A-Schritte befindet sich ein großes Feld hochschwingender Energie. Das Wissen darum, was sich hinter den Begriffen versteckt oder die Ahnung, was sich noch im Feld befinden könnte, macht die 5A-Quantenheilung einfach, effektiv, spürbar, alltagstauglich und nachhaltig, weil Du grundsätzlich nur noch an die Begriffe an sich zu denken brauchst, um die positive Veränderung in Gang zu setzen. Programme, die uns hindern, voran zu kommen, stöbern wir leichter und schneller auf und transformieren sie allein durch positive Ausrichtung und entsprechende Verhaltensanpassung.

Die vorherrschende Meinung, die in meiner Ursprungsfamilie beharrlich von Generation zu Generation weitergegeben wurde, ging davon aus, dass -von der väterlichen Ahnenreihe ein Gen vererbt sei, das Hörstürze fabrizierte. Mein Vater erlitt zwei Hörstürze, nach denen er nie wieder richtig hören konnte und bis zu seinem Lebensende vom Tinnitus gequält wurde. Meine Tante (väterlicherseits) hatte ebenfalls drei Hörstürze, mit den gleichen körperlichen Beschwerden. Der Vater meines Vaters war plötzlich extrem schwerhörig und musste ein Hörgerät tragen, so dass meine Schwestern und ich dort ebenfalls einen unbehandelten Hörsturz vermuten. Mein Großvater hatte von seiner Mutter berichtet, dass sie auch nicht gut habe hören können und dass es ja leider noch nicht diese wunderbaren Hörgeräte gegeben habe, so dass die Verständigung schwierig gewesen sei. Hier zieht sich ein Programm durch meine Familie, das auch meine mittlere Schwester und mich mehrere Male beeinträchtigt hat. Glücklicherweise konnte ich dieses Programm für mich und bis jetzt auch für meine Schwestern transformieren, indem ich zunächst die Entscheidung traf, dass der siebte Hörsturz der letzte war (aufmerken, annehmen) und dass es bei mir (und meinen Schwestern) vollständige Genesung geben darf. Mein malträtiertes Ohr habe ich mit der Vorstellung, dass die Härchen im Innenohr sich wieder aufrichten und ich mit gutem Gehör weiterlebe (ausrichten) regeneriert. Indem ich immer nach der bewussten Formulierung der Sätze: „Mein Ohr ist vollständig gesund, alle Härchen sind aufgerichtet, ich höre wieder alles, bin kraftvoll und vollkommen wiederhergestellt." (agieren), einen ANSCHWUNG gegeben habe, habe ich stündliche Verbesserungen zugelassen und bemerkt (amBallbleiben).

Die 5A-Quantenheilung ist das ultimative Bewusstmachungsverfahren, das uns denkenden Wesen hilft, die Emotionen, die vom Herzen kommen, im Kopf zu verarbeiten, um sie dann zu steuern und in die für uns richtige Richtung zu lenken. Durch Anwendung der 5A-Quantenheilung aktivieren wir unsere Schöpferkraft, unseren „göttlichen Funken". Wir nehmen Einfluss auf die Schwingungen unseres Denkens und Fühlens. Da es Wechselwirkungen zwischen allen Körperfunktionen und auch den feinstofflichen Körpern gibt, wird auch unser Unterbewusstsein immer mehr transformiert. Traumata und unbewusste Blockaden können gelöst werden. Immer mehr Bewusstheit und Bewusstsein hilft uns, unsere Realität wunschgemäß zu verändern. Dabei ist zu berücksichtigen, dass niemals eine direkte Veränderung im Außen erfolgt. Manchmal erscheint es allerdings so, weil eine Heilung, Wunscherfüllung, Neuerung, Zielerreichung oder Wende so schnell erfolgt, dass es schon an ein Wunder grenzt. Was wir mit der 5A-Quantenheilung machen, ist einfach nur, uns selbst nachhaltig zu verändern. Wir nehmen Einfluss auf unsere individuelle Materie, verändern uns und unsere Ausstrahlung und gestalten damit den Alltag anders als bisher, so dass alle Wünsche in Erfüllung gehen können, weil wir weniger Fehlentscheidungen treffen. Um dieses Werkzeug immer besser und behände zu nutzen, ist, wie bei allen Handlungen, wichtig, den Einsatz immer und immer wieder zu üben, damit sich im Gehirn kräftige neuronale Bahnen bilden können. Denn wie wir bereits verinnerlicht haben, werden alle Gewohnheiten, ob positive oder negative, im Gehirn durch starke neuronale Bahnen abgebildet.

Die Erfahrung mit meinen Klienten, Bekannten, Freunden und Verwandten hat mich aufmerken lassen, dass die Behandlungen, wenn ich sie durchführe, für den Behandelten sehr gut funktionieren. Denn ich habe die Übung, meiner Intuition zu vertrauen, was für den Behandelten im Moment ein guter Veränderungsimpuls sein könnte. Dabei bin ich, wie gesagt, nur die Impulsgeberin während die eigentliche „Arbeit" die Behandelten selbst erledigen. Entlasse ich die Klienten dann zur Selbstbehandlung, wenn ich ihnen die 5A-Quantenheilung erläutert und gezeigt habe, kommen manche wieder und bedauern, dass ihnen nicht genug Themen oder Absichten für die Anschwünge eingefallen sind. Ein bisschen gelingt ihnen etwas, doch sie trauen sich noch nicht zu, innerhalb der allgemeinen Felder der 5A.Schritte Ergänzungen auszuprobieren und Fantasie zu entwickeln. Das bedeutet, dass die gewünschte Veränderung weniger oder gar nicht spürbar sein kann, weil die Selbstzweifel wiederum Blockaden darstellen.

Aus diesem Grund habe ich zur leichteren Transformation und für Ideen, womit wir unsere Realität auswählen können ein paar Module zusammen gestellt. Wir können für die verschiedenen Anlässe die 5A-Schritte und die Anschwünge mit folgenden – natürlich 5- Modulen ergänzen:

Anweisungen, Absichten, Affirmationen, Assoziationen oder Andachten

Diese Module erheben keinen Anspruch auf Vollständigkeit, sondern stellen Anregungen für kraftvolle Wandlungsimpulse dar. Mit der Übung und Benutzung der Module wirst Du in der Anwendung der 5A-Quantenheilung sicherer. Du schulst damit Deine Intuition, welche Formulierungen oder energetischen Verstärkungen individuell helfen, Deine Wünsche zu realisieren.

Dadurch, dass Du die Module der 5A-Quantenheilung in Dein Bewusstsein integrierst, erhöhst du Dein individuelles Spektrum zur Lebensgestaltung.

Mit mehr Leichtigkeit und Selbstverständlichkeit wartest du positiv gespannt ab, was sich verändert.

Viel Spaß und hier mal wieder ein geschmettertes ☺ RockDeinLeben ☺.

IV.1   Anweisungen

Unter Anweisungen verstehe ich Befehle. Du sagst Deinem Gehirn, Deinem Geist, Deinem Nervensystemen, Deinen Zellen, Deinen verschiedenen Körpern und Deiner Ausstrahlung, was geschehen soll: Kurz, prägnant, kraftvoll, Realität schaltend, in einem Wort.

Anweisungen, die dir bereits sehr geläufig sind, sind die 5A-Schritte.

Alphabetisch habe ich weitere Befehle hinzu gefügt.

Ändern:
dessen, was besser werden soll, Dinge in den Fluss bringen, Gefühle harmonisieren, Gesundheit aktivieren, allgemeine Anweisung zur Verbesserung aller bemerkten Gegebenheiten

Agieren:
ins Handeln, Tun, Entscheidungen umsetzen, Gestalten oder Verwirklichen kommen

Aktivieren:
Felder in Schwung bringen, einen Zustand verändern, Reaktionen veranlassen, auf Situationen einwirken, neue Felder generieren

AmBallbleiben:
positiv gespannt abwarten, positiv „denkfühlen" üben, dankbar sein, wertschätzen, authentisch sein

Annehmen:
akzeptieren, loslassen, Widerstand aufgeben, zulassen, was ist, negative Bewertungen einstellen

Aufmerken:
Gedanken bemerken, Gefühle aufspüren, Situationen erkennen, Bewertungen aufdecken, Handlungen einordnen

Ausrichten:
Richtung ändern, vom Negativen zum Positiven wechseln, auf innere Stimme hören, Wünsche formulieren, Ziele stecken

Entflechten:
von Situationen, Beziehungen, Ahnenvorgaben oder Ahnenreihen, „alten Zöpfen", der Vergangenheit

Entgiften:
bei körperlichen, verfahrenen, mentalen, emotionalen, sozialen Themen

Erhöhen:
jeglicher Empfindungen und Situationen bis sie den positiven Level erreicht haben, den du Dir wünschst

Harmonisieren:
dessen, was aus dem Gleichgewicht geraten kann: Nervensystem, Durchblutung, Gefühle,

Installieren:
dessen, wie Du Dich fühlen oder sein möchtest

Loslassen:
alter Muster oder Gewohnheiten

Öffnen:
bejahende Felder, Deines Feldes für positive Felder, für Liebe, für positive Gestaltung, für das Meer aller Möglichkeiten

Reinigen:
eines Feldes oder eines Gegenstandes, von dem Du glaubst, dass an ihm etwas haftet, was nicht zu ihm gehört

Regenerieren:
wiederherstellen nach Entgiften, Reinigen

Reparieren:
unvollständiger Zellbausteine
Transformieren: aller unerwünschten Zustände, Situationen und Begebenheiten, für die Dir kein spezieller Befehl einfällt

Überschwingen:
von passenden Informationen, Medikamenten, Homöopathischen Mitteln, Wissen zu bestimmten Themen, heilenden Kräften,

Verbinden:
mit Deinem Höheren Selbst oder den für Dich förderlichen Feldern,

Wenn ich mit meiner Rockband, die ausschließlich ZZ-Top-Songs covert, auftrete, verbinde ich mich mit dem Erfolgsfeld von ZZ-Top und dem morphogenetischen Feld von Tina Turner, weil ich gerne so gut singen können möchte wie sie! Ich bin jedesmal begeistert, wie gut ich mich fühle und subjektiv auch extrem gut singe. Das ist ja erstmal die Hauptsache☺.

Die Rückmeldungen, die uns aus dem Publikum erreichen, sind, seit ich das so mache, im Gegensatz zu vorher, nur noch positiv.

IV.2   Absichten

Absicht ist nach juristischer Definition das zielgerichtete Wollen einer Person, das den Eintritt eines bestimmten Erfolges ansteuert[36] . Analog für dieses Modul in der 5A Quantenheilung angewandt bedeutet die Absicht hier, ein gefundenes und gewünschtes Ziel mit einer Anweisung zu verknüpfen. Das, was Du wirklich willst, geschehe! Eine Absicht verbindet Intuition, Emotion und Verstand, weil ein gewolltes Endergebnis mit starker Motivation aufgeladen ist. Durch die Formulierung einer Absicht bringst Du verstärkt Schwung in Deine Quantenfelder. Hierbei kannst Du nichts falsch machen. Denn das, was Du in Deinem Leben wirklich willst, ist -wie bei uns allen-, dass es Dir besser geht als in der Vergangenheit. Diese allen anderen zugrundeliegende Absicht ist ab dem Moment aktiv, ab dem Du Dich dafür entscheidest, authentisch zu leben, also Deinen individuellen Lebenssinn zu erkennen und in diese Welt einzubringen. Diese Motivation ist ein hochschwingendes Gefühl. Da Gefühle ja mehr Gewicht haben als bloß dahingesagte Worte, kommt es nur auf die gefühlsmäßig fest getroffene Entscheidung an, um Resonanz zu erzeugen. Je überzeugter Du von einem gewollten Ziel bist, desto schneller wird sich die Absicht in Realität verwandeln. Wenn Du z.B. „Schmerz weg" sagst, hast Du den Fokus zwar auf Schmerz, aber Dein zugrunde liegendes Gefühl ist, gesund, beweglich und vollständig ausgeglichen oder eben glücklich zu sein. Es schadet nicht, zunächst die Absicht auszusprechen, die dir als erstes einfällt, auch wenn sich ein weniger positiver Fokus zeigt. Intensiver spürbar sind nach meinen Erfahrungen allerdings Reaktionen, wenn Du Dich auf das fokussierst, was Du als die übergeordnete Motivation erkennst. Mit der täglichen Übung wirst Du Deiner Motivation immer sicherer werden.

---

36 Wessels, Beulke: Strafrecht – Allgemeiner Teil, C.F.Müller Verlag, 2012, 42. Auflage, § 7,Rn. 211.

So könntest Du zum Beispiel Folgendes beabsichtigen:

Allgemein:
- Gelassenheit, Liebe, Ideen, Reichtum, Gesundheit, aktivieren
- Trauma, Sucht, Schmerz, Situation XY, Gefühl transformieren
- Vegetatives Nervensystem, Durchblutung, Blutdruck, Situation harmonisieren
- Organe, Körper, Geist, Psyche heilen
- XY-Chakra verbinden, öffnen, reinigen, reparieren, aktivieren.
- Situation XY, Beziehung zu Vater, Mutter, Geschwistern, anderen Verwandten und Ahnen, zu geliebten Menschen oder Bekannten, zum Beruf oder anderen Feldern entflechten
- Passendes homöopathisches Mittel, Medikament XY, Informationen zu bestimmten Wissensgebieten überschwingen
- Positive Gefühle, Energie, Anziehung, Schwingung, erhöhen

Konkrete Absichten
- Achillessehne heilen
- Buch schreiben
- Erfüllte Partnerschaft leben
- Halschakra verbinden, öffnen, reinigen, reparieren, stärken
- Inneren Frieden herstellen
- Leichtigkeit erhöhen
- Porsche 911 Targa Baujahr 2011 finden
- Schlank sein
- Triathlon laufen
- Wettbewerb gewinnen

IV.3 Affirmationen

Der Begriff stammt aus dem Lateinischen. „Affirmatio" wird mit Versicherung, Beteuerung übersetzt. Nach der Erklärung von Dr. Axel Spree, Philosophie-Dozent an der Ruhr-Universität Bochum, in dem Online-Wörterbuch Philosophie[37] ist die Affirmation ein bejahendes bzw. zustimmendes Urteil zu einer Aussage. Eine Affirmation meint also -im Gegensatz zur Negation- immer die positive Bewertung eines gewünschten Umstandes. Üben wir affirmieren, üben wir gleichzeitig positiv zu „denkfühlen". Hierdurch ersetzt du die weniger förderliche, übliche Vorgehensweise, zunächst auf die Dinge zu schauen, die dir nicht gefallen, durch die positive Gewohnheit, bejahend Deinen Alltag zu gestalten. Eine seit der amerikanischen Präsidentschaftswahl 2008 berühmte englischsprachige Affirmation ist „Yes, we can" Und Barack Obama hat tatsächlich die Wahl gewonnen, obwohl es anfänglich unmöglich schien, dass ein schwarzer Mensch Präsident der Vereinigten Staaten von Amerika sein könnte. Bei einer Affirmation bildest du ganze Sätze, die sowohl Befehle als auch Gefühle beinhalten und Deine Begeisterung für Dein gefundenes Ziel ausdrücken. Nach der englischen Redensart „Fake it until you make it" bedeutet das, solange so zu tun, als ob das Ziel bereits erreicht wäre, bis der Weg erfolgreich beendet erreicht ist.

Eine Affirmation verdeutlicht dir Deine Ziele und je öfter du sie übst, desto mehr weißt du bereits, dass du sie erreichst. Um so zu tun als ob und um die positive Bejahung in Deinem Feld bis zum Erfolg zu installieren, gibt es zwei ganz leicht einzuhaltende Regeln.

Du formulierst die Ziele im Präsens und immer mit „Ich bin" oder „Ich habe", so wie Du es bereits im Abschnitt über das Ausrichten vom Wunsch zum Ziel gelernt hast. [38]

Ich bin vollständig gesund.
Ich habe eine gesunde Leber.
Meine Besprechung morgen ist erfolgreich.

---

37 www.philosophie-woerterbuch.de, Axel Spree unter Affirmationen.
38 Seite 68

Ich habe immer mehr Geld als ich ausgebe.
Ich habe mehr als 4000 Zuschauer pro Auftritt.
Ich gewinne den XY-Marathon.
Ich habe meine Lieblingsfigur und mein persönliches Idealgewicht.
Ich bin reich.
Ich habe einen roten Ferrari.
Meine Stimme ist stark wie die von Tina Turner.

IV.4   Assoziationen

Dieses Wort hat mehrere Bedeutungen. Nach dem Duden handelt es sich erstens um eine ursächliche Verknüpfung von Vorstellungen, zweitens um einen Zusammenschluss oder eine Vereinigung.

Der Wortstamm leitet sich aus dem lateinischen Verb associare ab, das mit verbinden, vereinigen mit und verknüpfen oder vernetzen übersetzt wird.

Bei der 5A-Quantenheilung kannst du dieses Modul einerseits dazu gebrauchen, Gedankenblitze oder Bilder, die dir scheinbar zusammenhanglos einfallen, zur Lebensverbesserung einzusetzen. Es kann immer sein, dass sich bei den gerade anstehenden Themen, der zu behandelnden Gesundheitssituation, den zu verändernden Empfindungen, Emotionen, Beziehungen oder in bestimmten Situationen Ideen dazwischen schummeln, die du nicht ernst nimmst beziehungsweise einfach verdrängst. Später stellst Du fest, dass die Entscheidung für die Idee eine Erleichterung für Deine Umstände gebracht hätte.

Ich möchte Dir eine kleine Geschichte von mir erzählen, die Dein Verständnis für die Anwendung des Moduls „Assoziation" vergrößern und Dein Vertrauen in Deine Intuition erhöhen kann.

Als ich noch in der großen niedersächsischen Verwaltung aktiv gearbeitet habe, wollte ich mit dem Zug von Hannover nach Oldenburg reisen, weil eine wichtige Besprechung mit mehreren Abteilungsleitern aus Niedersachsen anberaumt war. Ich wollte unbedingt pünktlich dort ankommen, weil ich eine der Vortragenden war.

Eine dreiviertel Stunde bevor der Zug losfährt, kommt mir der Gedanke, dass es irgendwie besser wäre, mit dem Bus zu fahren. Ich hatte aber bereits die Zugfahrkarte. Ich dachte: „Du hast jetzt zwei Möglichkeiten: Du kannst einfach dieser inneren Stimme folgen und mit dem Bus fahren, auch wenn dadurch die Zugfahrkarte verfällt. Oder du kannst alle Gründe aufzuzählen, die dafür sprechen, diesen Gedanken zu ignorieren." Da mir schon immer Erzählungen zugetragen worden sind, in denen es darum ging, dass Menschen sogar ihr Leben retten konnten, weil sie nicht in das gebuchte Flugzeug oder den bezahlten Zug gestiegen sind, machte ich einen Deal mit mir: Wenn ich ganz einfach an eine Busfahrkarte für einen Bus, der ebenfalls pünktlich in Oldenburg sein würde, herankäme, würde ich mit dem Bus fahren. Der Busbahnhof in Hannover ist nur ein paar Schritte von dem Hinterausgang des Hauptbahnhofs entfernt. Ich hatte noch eine halbe Stunde Zeit, um zu klären, ob ich sofort mit dem Bus fahren konnte oder wieder zurück zum Zug sollte. Das reichte. Und Du wirst es wahrscheinlich- nach dem ganzen Vorgeplänkel- doch glauben: Es ging ein direkter Bus nach Oldenburg und zwar in den nächsten 5 Minuten. Also stieg ich ein und war mehr als pünktlich am Besprechungsort. Hier wurde mir berichtet, dass ein Kollege, der aus Göttingen kam und in Hannover in den Zug, den ich nehmen wollte, umgestiegen war, eine Stunde Verspätung haben würde, weil der Zug technische Probleme gehabt hätte. Dieser Kollege sollte keinen Vortrag halten, weshalb es nicht so tragisch war, dass er zu spät kam. Ich war sehr froh, dass ich dem Blitzgedanken gefolgt war.

Damals war mir zwar nicht bewusst, dass ich das Modul der Assoziation benutzt hatte, weil ich zu dem Zeitpunkt die 5A-Quantenheilung noch nicht entwickelt hatte. Die Geschichte ist jedoch im Nachhinein ein wundervolles Beispiel für das Funktionieren der Intuition, die eine Ausprägung von Blitzbildern und damit der Assoziation ist.

Deine innere Stimme macht Dich aufmerksam. Blitzartig auftauchende Gedanken und Bilder sind immer wichtig. Was du merkst, während du Dich mit Deinen Dingen oder den Dingen derjenigen, die du behandelst, beschäftigst, hat etwas zu bedeuten. Was genau es zu sagen hat, ist wiederum unwichtig. Es kommt nur darauf an, dass du dieser Assoziation Raum gibst, indem du sie ausdrücklich denkst oder aussprichst und -wenn du magst- einen extra ANSCHWUNG darauf gibst. Meistens wird dadurch das ursprüngliche Anliegen gelöst oder einen erheblichen Schritt auf dem Weg zur Lösung oder zum Erfolg vorangebracht.

Beispiel:
Du hast als Thema Deine vollständige Gesundheit gewählt, gibst dir darauf einen ANSCHWUNG und während du nachspürst oder reagierst, erscheint dir das Bild eines fliegenden Elefanten, der auch noch rosa ist.
Abgesehen davon, dass du vielleicht losprusten musst vor Lachen, sicherst du dieses Bild mit einer entsprechenden Absicht:
„Fliegenden, rosa Elefanten aktivieren". Du kannst auch „dazu holen", „benutzen" oder ähnliches formulieren. Die Worte die dir eingegeben werden sind richtig. Wenn dir zu dem Bild nicht schnell genug ein Wort einfällt, lässt du es einfach bei dem Gedanken an das Bild. Das reicht.
Dann wartest du wieder positiv gespannt ab (AmBallbleiben), was mit dir oder in dir geschieht. Du kannst das solange praktizieren, bis du fühlst, dass du nur noch nachspüren willst,

sozusagen fertig bist. Manchmal merkst Du dies daran, dass Du wohlig erschöpft bist. Vertraue Dir!

Neben der Schulung Deiner Intuition, um Deine Umstände immer mehr zu verschönern, kannst Du Dich ausdrücklich an bejahende Felder anschließen.

Morphische oder morphogenetische Felder, die das, was Du wirklich willst, unterstützen, indem du Dich mit ihnen verbindest, Deine Schwingungen diesem Feld anpasst oder neue förderliche Felder generierst, nenne ich bejahende Felder. Verbindung, Anpassung oder Generierung geschieht allein dadurch, dass du über Deine gewünschte Ausrichtung „denkfühlst". Indem du dir positives Wissen über Dich ansprechende oder interessierende Felder aneignest oder es erweiterst, intensivierst du die positiven Schwingungen, die Dich Deine Ziele erreichen lassen.

Wir können als bejahende Felder beispielsweise Archetypen, menschliche Vorbilder, konkrete positive Visionen, virtuelle Hilfs- und Heilmittel oder besondere Philosophien verwenden. Bei dieser Aufzählung möchte ich es für dieses Buch bewenden lassen. Wie genau wir die bejahenden Felder als Assoziationen einsetzen können, darauf gehe ich individuell und vertiefend in meinen Seminaren ein.

IV.5 Andachten

Wir können auch ganze Visionen oder- wie ich es nenne- Andachten ausarbeiten, um immer konkreter in die individuelle Wunsch-Wirklichkeit einzutauchen. Andachten sind Trancen, die unter Benutzung der 5A-Schritte Deinem Gehirn und Deinem gesamten Körpersystem suggerieren, dass das was Du willst, bereits Realität ist. Du programmierst Dich sozusagen um, damit

Du Dich gesünder, freier, gelassener, begeisterter und sinnlicher fühlen kannst. Hierdurch werden Erfolge, die Dir am Herzen liegen, immer öfter in Dein Leben integriert.

Du kannst Dir selbst Andachten an Hand der 5A-Schritte entwerfen und sie immer wieder dazu nutzen, Dich zu motivieren und am Ball zu bleiben.

Du kannst aber auch RockDeinLeben Andachten lesen, sprechen oder anhören, um positive Veränderungen für Dich zu erreichen.

Ein Beispiel zum Lesen oder, wenn Du magst, um sie Dir selbst auf ein Tonwiedergabegerät zu sprechen, füge ich Dir hiernach an. Es geht darum, ein erstes, grundsätzliches Modul zu haben, mit dem Du in Deine Mitte, Deine Leichtigkeit, Deine Zuversicht Dein Vertrauen und Deine Schöpferkraft springst, wenn Du in der 5A-Quantenheilung noch nicht geübt bist oder Dich mal länger mit Dir beschäftigen und Dich frei machen möchtest. Es handelt sich um die Transformation Deiner Dich einschränkenden, alten Ansichten in eine positive, helfende und unterstützende Weltanschauung.

**RockDeinLeben-Andacht
zur Veränderung der Weltanschauung**

Mit dem göttlich-kreativen Funken, der in uns allen sprüht, mit Hilfe meiner Schöpferenergie, der sich entwickelnden Bewusstheit auf individueller und kollektiver Ebene und der universellen Liebe, bin ich mir bewusst, dass ich ein gesundes, freies, leichtes, begeistertes und selbstbestimmtes Leben führe, in dem ich immer genau die Erfahrungen mache, die meinem individuellen Lebenssinn entsprechen.

RockDeinLeben

ANSCHWUNG

Ab und zu habe ich bis zu diesem Zeitpunkt geglaubt, meine Gefühle, meine Situationen, mein Glück, meine Gesundheit und mein Wohlbefinden unterlägen Begrenzungen. Manche unerfreulichen Dinge seien Schicksal oder vielleicht mein Karma. Gedanken über Missstände, Machtlosigkeit, Ängste, Notwendigkeiten, Sinnlosigkeit haben meine Wahrnehmung eingeschränkt. Durch diese Sichtweise habe ich mich oft schwer gefühlt. Manchmal war ich ziel- oder erfolglos. Oft habe ich gedacht, ich würde nur geliebt, wenn ich die Ansichten einnehme, die die meisten in meiner Familie und meiner Freunde vertreten. Diese Ansichten haben mich oft traurig und handlungsunfähig werden lassen, weil sie mir keine guten Gefühle machen konnten. Ich habe dennoch daran festgehalten. Die Möglichkeiten, die andere Sichtweisen vielleicht bieten, habe ich nicht gesehen. Freie Gestaltung meiner Lebensumstände erschien und erscheint mir manchmal noch utopisch. Meine Wahrnehmungen haben sich bisher oft auf Krankheit, mangelnde Freiheit, Grenzen, Ungerechtigkeiten oder angeblich fehlende Fähigkeiten gerichtet.

ANSCHWUNG auf Aufmerken früherer Überzeugungen und alter Weltanschauung

Die Weltanschauung, die ich habe, bestimmt meine Rollen, die ich in meinem Leben einnehme. Eine Weltanschauung zu haben, ist förderlich für den Weg, den ich in meinem Leben einschlage. Meine Werte und mein Glaube, meine Überzeugungen gewähren mir die Zugehörigkeit zu einer Gruppe, meinem Kollektiv, das mich sicher sein lässt. Auch wenn mir die Weltanschauung, die ich im Moment habe, nicht immer gute Gefühle beschert und ich oft eingeengt bin, hat sie mir bis zu diesem Zeitpunkt ein gewisses Maß an Geborgenheit vermittelt. Nur wenn ich sie als solche annehme, habe ich die Chance, meine Sichtweisen so zu modifizieren, dass meine Wahrnehmungen ihre Scheuklappen verlieren.

ANSCHWUNG auf Annehmen der alten Sichtweise

Meine Wahrnehmungen kann ich nur verändern, wenn ich anfange, begründete Zweifel an der ausschließlichen Richtigkeit meiner Überzeugungen zu hegen. Ist das, woran ich bisher gedacht und geglaubt habe, wirklich das Unumstößliche? Oder habe ich mir vielmehr Wahrnehmungsfilter kreiert, durch die ich die vielen anderen Möglichkeiten, die in der Welt bestehen, gar nicht mitbekomme? In dem Moment, in dem ich zweifele, dass ich weiter so denken, fühlen und glauben „muss" wie bisher, öffne ich das Tor für das Meer aller Möglichkeiten. Wer weiß denn schon, was richtig und falsch ist? Was die richtige Weltanschauung ist, wird seit Jahrtausenden von Philosophen diskutiert und ist immer noch nicht zu einem nachgewiesenen allein richtigen Ergebnis gediehen. Sollte ich mich dann von meiner alten Sichtweise weiterhin einengen lassen?

Jetzt entscheide ich mich dafür- und ich befinde mich hier schon in einem immer größer werdenden Kollektiv-

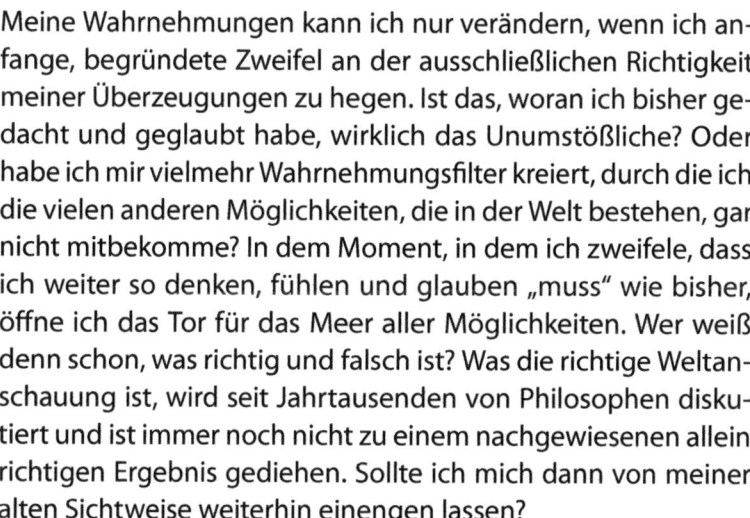

anzuerkennen, dass ich erschaffe, was ich sehe und was ich bin. Also kann ich jederzeit durch Veränderung meiner Energie in mir, etwas anderes kreieren, wenn mir das, was ich sehe nicht gefällt. In dem Bewusstsein, dass es zum Wohle und Nutzen aller ist, richte ich mich ab jetzt danach aus, welche Gedanken, Gefühle, Werte, Regeln und Handlungen mich freier, leichter, wohler und glücklicher empfinden lassen. Ich glaube nicht nur daran, sondern ich weiß inzwischen, dass meine Energie meiner Aufmerksamkeit folgt. Ich glaube daran, dass mir meine Realität eins zu eins spiegelt, worauf ich meine Aufmerksamkeit richte. Mich darauf auszurichten,

- dass ich wertschätze, was ich schon habe -und sei es jeden Tag zu essen, ein Bett und ein Dach über dem Kopf,
- dass ich immer die Vorteile einer Situation erkenne,
- dass ich die wichtigste Person in meinem Leben bin und sein darf,
- dass ich vollkommen bin, einfach nur deshalb, weil ich geboren bin,
- dass ich allen nutze, wenn ich entsprechend meinen Bedürfnissen, Begeisterungen und Potenzialen handle,

beinhaltet die Verbesserung sämtlicher Lebensumstände. Diese Weltanschauung wird die verschiedenen Filter meiner Wahrnehmung reinigen und sie immer mehr auf das lenken, was für mich (zum Wohle und Nutzen aller) richtig und wichtig ist.

ANSCHWUNG auf Ausrichten auf eine neue Weltanschauung

Meine neue Weltanschauung praktiziere ich. Ich richte meinen Fokus auf positive Gedanken, Gefühle und meine positive Identität. Ich transformiere mit zwei Händen oder nur mit Absichten, was mich im weitesten Sinne einengt. Ich bin in vollständiger Ausgeglichenheit. Begründete Wertschätzungen meiner Lebensumstände bringen immer mehr Herzenswünsche in Erfüllung.

Ich richte meine Aufmerksamkeit aktiv auf ein gesundes, freies, leichtes, begeistertes und selbstbestimmtes Leben. Meine Handlungen folgen dieser Aufmerksamkeit. Ich merke, wie die Transformation mich zu meinen Potenzialen bringt. Mir fallen immer neue begeisternde Ziele ein, die ich eins nach dem anderen verfolge. Ich bin absolut im Vertrauen, dass ich durch meine innere Verwandlung (mit dem Fokus auf positiven Überzeugungen) leicht, lebendig, begeistert, erfolgreich und glücklich bin.

ANSCHWUNG auf Agieren zur Transformation einengender Sichtweisen

Ich entwickele die Gewohnheit, in meiner Realität eins zu eins den Spiegel meiner Aufmerksamkeit zu sehen. Es ist mir eine Freude, meine Energie so zu verändern, dass ich mich wohl fühle und erreiche, was mir wichtig ist. Ich bin immer sicherer in der Auswahl meiner Möglichkeiten, die mir gut tun. Ich führe ein gesundes, freies, leichtes, begeistertes und selbstbestimmtes Leben, in dem ich immer genau die Erfahrungen mache, die meinem individuellen Lebenssinn entsprechen. Bewusst entscheide ich mich, das zu genießen, was ich bereits erreicht habe. Ich erblühe dadurch jeden Tag mehr. Ich erhöhe auch meine Energie und erweitere meine individuellen Erfolge zum Wohle und Nutzen aller.

Mit 5 Schritten und 2 Punkten gelingt mir das zu jeder Zeit, gewohnheitsmäßig und einfach.

ANSCHWUNG auf AmBallbleiben hin zu einer befreienden Weltanschauung

So sei es.
RockDeinLeben
ANSCHWUNG

V. RockDeinLeben – Beispiele aus der Praxis

Anhand der folgenden Beispiele kannst Du sehen, wie die 5A-Quantenheilung für verschiedene Menschen in unterschiedlichen Situationen zu einem konkreten Realitätsgestaltungsmodell geworden ist.

V.1   Peter – RockDeine Gesundheit

Peter stand mit 52 in der vollen Blüte seines Berufslebens. Als Leiter eines Teams von sechs Mitarbeitern war er als Ingenieur zuständig für das Entwerfen, Korrigieren und Aktualisieren von Boardhandbüchern der Flugzeuge, die sein Arbeitgeber (ein großer Reisekonzern) in unterschiedlichen Tochterfirmen und Ländern stationiert hatte. Er musste deshalb auf internationaler Ebene Meetings abhalten.

Er hat zwei erwachsene, bereits berufstätige Kinder mit seiner ehemaligen Lebensgefährtin. Lange alleinerziehend ist er mit den Kindern sehr verbunden. Ständig machte er sich Gedanken, ob er sich auch jetzt noch mehr um sie kümmern sollte und für ihr Wohlergehen verantwortlich wäre. Er war oft aufgeregt, dass in irgendeinem Bereich seines Lebens etwas schief gehen könnte.

Eines Tages – mitten in einem Meeting- fing unvermittelt sein Herz an zu rasen. Er konnte der Besprechung nicht mehr folgen und musste die Kollegen bitten, den Notarzt zu rufen. Er hatte Todesangst und dachte, er habe einen Herzinfarkt.

Er erzählte: „Die Ärzte haben nichts feststellen können, das Herz ist in Ordnung, nur habe ich hohen Blutdruck. Und ich habe große Angst vor einem echten Herzinfarkt. Ich bekomme Tabletten gegen den hohen Blutdruck und meine Angstzustände.

Allerdings ist mir davon übel und ich stehe irgendwie neben mir! Ich weiß nicht, ob mir da das Herzrasen nicht lieber ist. Ich habe keine Freude mehr!"

Die Ärzte hatten ihm Stressreduzierung verordnet und er war mit der Diagnose „Burnout" krankgeschrieben. Er hatte mit Yoga und anderem Sport begonnen und bemerkte auch schon Besserung seines körperlichen Zustandes. Dennoch hatte er immer noch hohen Blutdruck. Die Angst vor einem Infarkt und die Belastung durch die Tabletten waren unvermindert vorhanden.

Wir kristallisierten deutlich heraus, welche Ursachen er mit Hilfe der 5A Quantenheilung beeinflussen konnte, um all diese Beschwerden zu lindern oder gar zu beseitigen.

Innerhalb von sechs Wochen mit einer wöchentlichen Sitzung gelang es Peter, seine Einstellung zu den Situationen zu ändern und seine Sichtweise zu positivieren. Er merkte auch, dass er durch Visualisierung dessen, wie er sich fühlen möchte, die Zukunft in seinem Sinne bestimmen kann. Durch die 5A-Schritt-für Schritt-Anleitung ist er sich nun im Grunde jede Sekunde bewusst, dass er seine Gedanken beeinflussen, seine Gefühle machen und eben auch verändern kann, wodurch er handlungs- und gestaltungsfähiger geworden ist.

Das Herzrasen war bereits nach zwei Wochen weg, der Blutdruck durchgängig im normalen Bereich. Dem Frieden konnte er nach dieser kurzen Zeit dennoch nicht trauen. Er nahm keine Tabletten mehr, hatte sie aber für alle Fälle immer dabei. Innerhalb der darauf folgenden vier Wochen erreichte er dann eine so nachhaltige Stabilisierung, dass er wieder arbeiten konnte. Die Tabletten hat er inzwischen endgültig abgesetzt. Darüber hinaus hat er seinen Arbeitsalltag so verändert, dass sich Anspannungs- und Entspannungsphasen die Waage halten. Unangenehm erscheinenden Situationen kann er auch positive Momente abgewinnen. Ein anderes Verständnis für die Sichtweisen seiner Mitarbeiter harmonisiert die Zusammenarbeit und stärkt nach seinem Gefühl seine Führungsposition.

Den Kindern räumt er mehr Eigenverantwortung ein und lässt sie damit gleichzeitig los. Dieses tut offenbar der gesamten familiären Konstellation gut. Die Beziehung zu den Kindern ist entspannt und gegenseitig unterstützend geworden. Peter weiß jetzt, was er tun kann, wenn Herzrasen droht. Außerdem nutzt er die 5A-Schritte und die zwei Punkte inzwischen für die Ausformung und Organisation seiner Alltagssituationen. Indem er verinnerlicht hat, dass seine individuelle Wirklichkeit spiegelt, worauf er seine Aufmerksamkeit richtet, spielt er mit der Veränderung seiner Aufmerksamkeit, um eine andere Energie und Erfolge zu erreichen.

V.2 Marion – RockDeine Ängste

Auf dem Flug von Mallorca nach Deutschland saß sie links neben mir in der Stuhlreihe links vom Gang auf dem mittleren der drei Sitze. Ich merkte, dass sie schwer atmete und hatte sofort den Verdacht, dass sie Flugangst hatte. Da ich mich nicht gleich aufdrängen wollte, ich aber meinen inneren Helfer spürte, gab ich vor dem Start erst mal allen Passagieren und der gesamten Crew zum Wohle und Nutzen aller einen ANSCHWUNG auf Gelassenheit, Vertrauen, einen erfolgreichen Start und eine sanfte, glückliche Landung. Den Piloten schwang ich noch eine Portion mehr Kompetenz, Erfolg und gesunde Zielerreichung natürlich ebenfalls zum Wohle und Nutzen aller über.

Das Flugzeug setzte sich in Bewegung und Marion wurde etwas ruhiger und ließ den Start offenbar einfach über sich ergehen. Kaum dass wir die Sicherheitsgurte lösen durften, bat sie mich darum, mal aufstehen zu dürfen. „Es tut mir leid", sagte sie, „die Aufregung! Ich bin einfach nervös. Deshalb muss ich schon mal aufstehen." Natürlich ließ ich sie sofort durch, fragte sie aber während des umständlichen „Erhebungsvorganges", ob sie Flugangst habe. Als sie dies bejahte, schloss ich die Frage an, ob sie, wenn sie zurück sei, etwas ausprobieren wolle, das die Flugangst beseitigen könne. Ungläubig erkundigte sie sich, was das denn sei und wie das denn wohl gehen solle, sie habe das schon ihr Leben lang. Sie unternehme auch erst seit 5 Jahren Flugreisen. Diese habe sie vorher wegen der Angst vermieden. Weil sie aber auch mal schöneres Wetter genießen wolle, habe sie sich im Alter von dreißig Jahren gezwungen, auch mal zu fliegen. Die Angst wäre aber immer da.

Ich erläuterte nur kurz, dass ich etwas Energetisches bei ihr machen würde, das schnell helfen könne, wenn sie sich drauf einlassen wolle und das auch gar nicht weh täte. Das schlimmste, was passieren könne, sei, dass es nicht helfe. Aber dann wäre es ja einfach nur wie im Moment. Sie willigte mit den Worten ein: „Ich geh erst mal aufs Klo und dann möchte ich das unbedingt ausprobieren". Wochen später berichtete sie mir, dass sie auf der Toilette ganz aufgeregt war und dachte: „Auweia – was will die denn bloß mit mir machen?". Als sie wiederkam, zeigte sie lediglich gespannte Zugewandtheit und war neugierig.

Nachdem ich noch ein paar Worte über die 5A-Quantenheilung zu ihrer Beruhigung ergänzt hatte, war sie bereit für die ihr unbekannten ANSCHWÜNGE.

Ich behandelte sie im Sitzen und bat sie, nachzufühlen, wie sich ihre innere Verfassung verändere. Es bedurfte nur dreier ANSCHWÜNGE: 1. Beruhigung und Harmonisierung des vegetativen Nervensystems. 2. Transformation der aktuellen und generellen Flugangst. 3. Aktivierung von Gelassenheit und Vertrauen.

Innerhalb von 5 Minuten war die Flugangst vollständig verschwunden.

Marion konnte es bis zur Landung gar nicht glauben, wie gelassen sie war.

Ein ums andere Mal wiederholte sie: „Das gibt's doch gar nicht".

Aber es war so! Während sie mit ihrer kleinen Familie vor mir den Gang zum Gepäckfließband hochging, freute sie sich unbändig und bat mich um meine Karte, weil sie unbedingt mehr über die Methode erfahren wollte.

Von ihrer Flugangst ist sie bis heute geheilt. Außerdem hat sie jetzt ein mit den 5As ein Werkzeug, das sie zur positiveren Alltagsgestaltung einsetzt.

V.3   Hannah – RockDeine Lieblingsfigur

Diäten schlugen grundsätzlich bei ihr an. Hannah hatte auch sehr diszipliniert bei der ersten Stoffwechselkur 15 Kilo abgenommen. Sie passte danach in Konfektionsgröße 36. Immer wieder geschah es ihr allerdings, dass sie trotz der grundsätzlichen Ernährungsumstellung wieder dicker wurde. Aus den Hosen platzte sie dann fast heraus und der ursprünglich flache Bauch hing auch über die Rockbünde. Sie fühlte sich sehr eingeengt, vollgestopft und mochte sich weniger. Eine 4. Stoffwechselkur durchzuziehen, fehlte ihr jetzt nach dreieinhalb Jahren „Auf und Ab" die Motivation und die Lust. Ihre Lieblingsfigur müsse doch auch leichter zu erreichen und vor allen Dingen zu halten sein.

Mit Hilfe der 5A-Quantenheilung fand Hannah einige limitierende Glaubenssätze heraus, die sie am Halten ihrer gewünschten Figur hinderten. Einerseits trug sie-zunächst unbewusst- die Meinung mit sich herum, dass die Frauen in ihrer Familie(komischerweise sowohl väterlicher- als auch mütterlicherseits) genetisch bedingt, zu Bauchfett neigten. Ihrer Ansicht nach hatten -bis auf eine einzige Tante in der Vaterlinie- keine der Frauen eine Chance auf das Sichtbarwerden einer Taille. Andererseits glaubte sie, dass es nach dem Austragen von zwei

Kindern schier unmöglich sei, attraktiv auszusehen. Dazu kamen noch Konditionierungen zwischen arbeitsintensiven oder unerfreulichen Situationen und essen. Darüber hinaus bemerkte sie, dass sie sich schuldig fühlte, wenn sie schlanker als ihre Schwester wurde und plötzlich mehr Kraft und Elan als ihr Mann hatte, sodass sie leichter und schneller als dieser das erreichte, was sie sich vorgenommen hatte.

All diese Umstände hatten Hannah immer wieder begrenzt und unfrei gemacht. Es waren Blockaden in ihrem Unbewussten, die sie dadurch, dass sie sich derer bewusst wurde, transformationsfähig gemacht hatte.

Sie bediente sich der „zur Herstellung deiner Lieblingsfigur" entworfenen RockDeinLeben-Andacht, indem sie diese jeden Tag mindestens einmal sprach. Innerhalb einer Woche verschwand der Bauch wie von selbst. Denn als Folge der bewussten Einstellung auf ihre Lieblingsfigur hatte sie ihr Essverhalten erneut geändert und die gesunde Ernährung wieder konsequenter verfolgt. Diesmal bekam sie nicht das Gefühl, sich wie bei einer Stoffwechselkur disziplinieren oder auf etwas verzichten zu müssen. Sie sprach die ANDACHT noch weitere 14 Tage konsequent jeden Tag mindestens einmal. Offenbar hat dadurch tatsächlich eine Transformation der Blockaden bzw. eine Umprogrammierung ihres Unterbewusstseins stattgefunden. Seit einem halben Jahr bleibt ihre Figur konstant. Wenn sie „aufmerkt", dass ihre Wunschfigur auch nur im Geringsten zu verschütten droht, liest sie einfach erneut die „Lieblingsfigur-ANDACHT", um sich auf diese frisch einzustellen. Die 5A-Schritte und die zwei Punkte sind ihr mittlerweile in Fleisch und Blut übergegangen. Gleichzeitig hat sie so eine neue Lebensweise entwickelt, die ihr erlaubt, sich selbst zu fördern und ihre Potenziale zu entfalten. Dadurch hat sogar die Beziehung zu ihrem Mann neue Perspektiven bekommen. Gemeinsam „bleiben sie am Ball" und realisieren immer mehr Projekte, die ihnen vorher fast utopisch erschienen sind.

V.4 Helmut – RockDeinen Beruf

Als Business-Coach mit einem Jahr Praxiserfahrung kannte sich Helmut bereits gut darin aus, seine Gedankenkraft positiv zu nutzen. Er wünschte sich zusätzlich die Möglichkeit, von mehr Klienten bzw. Unternehmen beauftragt zu werden. Alle Marketingmaßnahmen waren seiner Meinung nach ausgeschöpft. Er war neugierig, ob die 5A Quantenheilung ihm helfen könnte, noch erfolgreicher zu sein.

Seine limitierenden Glaubenssätze, die ihn möglicherweise an seiner Zielerreichung hinderten, hatte er bereits aufgedeckt und sich bewusst gemacht. Er war auch der Meinung, er habe sie bereits bearbeitet.

Die Sätze „Ich bin noch nicht gut genug" oder „Andere können mehr Geld in Marketing investieren und sind deshalb erfolgreicher" hatte er- so wie er das auch seinen Klienten beibrachte, zum Positiven verwandelt. Dennoch reichte ihm das sichtbare Ergebnis nicht. Er sagte: „Das gibt's doch nicht! Ich bin gut und ich arbeite viel, aber es kommen nicht genug Rückmeldungen in Form von Engagements durch Unternehmen". Nach ein paar konkreten Anschwüngen auf bereits bearbeitete und weitere Glaubenssätze wurde er sehr viel ruhiger und zuversichtlicher in Bezug auf seine berufliche Zukunft. Da er sich wohl fühlte, schlug ich ihm vor, ein sogenanntes energetisches Marketing durch Verbinden, Öffnen, Aktivieren, Harmonisieren und Synchronisieren von Feldern, die seine Tätigkeit betreffen, durchzuführen. Er konzentrierte sich auf sein Business Coach-Feld und die Felder seiner potenziellen Kunden. Seine Reaktionen bei dem Einsatz der Anschwünge waren sehr heftig. Sie reichten von heftigem Schwanken bis zu einem wie von einem Faustschlag ausgeführten Rückstoß auf den hinter ihm stehenden Sessel.

Nach der Sitzung fühlte er sich frei, fröhlich und voller Tatendrang. Und das Beste: Nach zwei Tagen rief er mich an und erzählte eine große Firma, der er sein Angebot geschickt habe, hätte sich gemeldet und wolle ihn mit Mitarbeiter-Coachings beauftragen. Das energetische Marketing hatte wohl postwendend gewirkt.

V.5 Sandra – RockDeine Liebe

Sandra war sehr traurig. Sie war bereits seit 18 Monaten Single, weil ihr Freund sie wegen einer anderen Frau verlassen hatte. Auch nach dieser relativ langen Zeit konnte sie die Trennung immer noch nicht nachvollziehen, wollte aber endlich wieder in einer Liebesbeziehung leben. Das Alleinsein gefiel ihr im Alter von 28 Jahren ganz und gar nicht. Sie hatte aber auch gar keine Lust, auszugehen, um vielleicht jemanden neuen kennenzulernen

Wir verabredeten, dass wir zunächst einmal zwei Sitzungen an dem Thema Verlassenheit und Alleinsein arbeiteten. Wenn ihr dann noch etwas fehle, würden wir noch mit einschlägigen Feldern arbeiten.

Die Behandlungen mit den Anschwüngen hatten große Weinanfälle und andere körperliche Auswirkungen zur Folge. Sie fühlte sich jedoch nach jeder Behandlung leichter. Nach der zweiten Sitzung traf sie die Entscheidung, dass sie ihren ehemaligen Freund lieben dürfe, auch wenn der sie verlassen und eine neue Beziehung habe. Sie war total erleichtert, dass es sich nicht mehr widersprach, verlassen worden zu sein und lieben zu dürfen. Sie konnte ganz in Frieden loslassen, weil sie die Situation nun so annehmen konnte, wie sie war. Plötzlich hatte sie verstanden und gefühlsmäßig integriert, dass die Trennung nichts mit ihr als Person zu tun hatte. Ihr Wert als Frau war davon nicht beeinträchtigt, vielmehr hatte es offenbar lediglich daran gelegen, dass die Interessen und Vorlieben ihres Exfreundes andere als ihre waren und so unterschiedlich, dass für ihn ein Zusammenleben nicht mehr möglich war. Sandra kam noch zu zwei weiteren Sitzungen, weil sie noch gefestigter werden wollte. Dabei lernte sie die Grundzüge der 5A-Quantenheilung für die Selbstanwendung.

Nach der bis heute letzten Sitzung freute Sandra sich wieder darauf, Partys zu feiern. Sie sagte: „Auch wenn mein Ex mit seiner neuen Freundin da sein sollte, kann ich jetzt fröhlich tanzen. Und wenn ich dennoch runtergezogen werden sollte, weiß ich jetzt, was ich tun kann, damit sich das schnell wieder ändert."

Ich antwortete: „Super! Exakt! RockDeinLeben und Deine Liebe".

5As + 2 Punkte –
Die Lebensphilosophie – Ein Ausblick

**„Und dann rockst Du krass Dein Leben
erstickst `ne Krise durch Gedankenbeben."**

So einfach ist 5A-Quantenheilung. In dem Satz aus meinem TI-TEL-Song" RockDeinLeben" steckt der ganze Sinn, die gesamte Philosophie hinter der Methode.

Durch positive Denkgewohnheiten und hochschwingende Gefühlsenergie denkfühlst Du Dich aus Krisen in Dein gewolltes, gewünschtes Leben.

Würden wir alle kombinierte Mental/Energiearbeit anwenden, wäre die Welt meiner Meinung nach saniert, befriedet und reich an Natur und Wohlstand und jeder einzelne lebte im Kollektiv seine Begeisterung aus.

Seit ich die fünf Schritte und die zwei Punkte jeden Tag zu jeder Zeit anwende, „rocke" ich alle Situationen in allen Bereichen, so wie es für mich am besten ist. Das ist kein blinder Egoismus. Ich lebe vielmehr aus dem tiefen Vertrauen heraus, dass alle Veränderungen, auch wenn sie oft für andere erst einmal herausfordernde Konsequenzen haben, doch auch zu ihrem höchsten Wohle sind. Diese Einstellung bedeutet auch nicht, dass keine unvorhergesehenen Ereignisse mehr geschehen. Aber sie sind weniger geworden und ich gehe anders als früher mit ihnen um. Für mich selbst habe ich mit der 5A-Quantenheilung eine Lebensweise entdeckt, die nicht nur als körperliche Heilungsmethode, sondern als Realitätsgestaltung wirkt.

Schon während meiner Gesundungsphase überlegte ich, was ich tun würde, wenn ich wiederhergestellt wäre und nicht mehr in so ein Amt gehen würde. Ich nahm mir vor, für den Fall, dass die Heilung und eine Pensionierung wirklich eintreten sollten, anderen von meiner Vorgehensweise zu berichten und sie ausprobieren zu lassen, ob sie auch ihr Leben verbessern würde.

Meine Ohren sind inzwischen wieder vollständig gesund. Ich höre wieder alles, kann meiner Leidenschaft als Rocksängerin erneut frönen und habe tief in mir die Gewissheit verankert, dass ich frei bin, zu bestimmen, wie ich mich fühle, unabhängig davon, was im Außen passiert. Jetzt kann ich für mich genau das tun, was mir guttut und als Coach auch noch anderen dabei helfen, ihr Leben zu rocken!

Die aus Mentaltechniken und Energiearbeit zusammengebaute Vorgehensweise begeistert mich immer wieder aufs Neue für mein Leben. Seit ich diesen Weg gefunden habe, empfinde ich jeden Tag noch schöner und intensiver als den vorigen. Und ich weiß mittlerweile, dass ich jeden Tag gesünder, erfolgreicher und glücklicher werden kann. Darüber hinaus merke ich, dass ich beeinflusse, was in meinem Alltag geschieht.

5A-Quantenheilung ist mir in Fleisch und Blut übergegangen. Alte Gewohnheiten, mit denen ich zunächst das gesucht habe, was mir schaden könnte und wovor ich mich und auch z.B. meine Kinder schützen müsste, konnte ich verändern. Ich habe eine neue nützliche Routine für mein Alltagsleben gefunden, die mein Vertrauen in mich stärkt, alles verbessern zu können, was es noch zu optimieren gibt. Das fängt bei den Denkgewohnheiten an, die mir schlechte Gefühle bereitet haben. Seit ich übe, aufzumerken, dass z.B. der Gedanke beim Aufwachen: „Oh, nein es ist bedeckt und kalt draußen." mich unlustig aus dem Bett steigen lässt, habe ich ganz schnell die Chance, den Gedanken umzuwandeln in:

„Das Wetter passt mir heute sehr gut, weil ich auf dem Fahrrad endlich meine neue Regenjacke ausprobieren kann!" Hierbei empfinde ich eine Vorfreude auf die schönen, neuen Sachen und auf das Fahrradfahren, so dass die Stimmung und der Tag gerettet sind. Ich brauche nicht mehr wütend, aggressiv, verzweifelt über irgendetwas zu sein, weil ich die Möglichkeit habe, mir die Gefühle zu machen, die mich entspannen und mir richtig guttun.

Manchmal möchte ich aber traurig sein, weil auch diesem Gefühl Lebendigkeit innewohnt. Dann richte ich mich danach aus, Trauer zu zelebrieren und „agiere" mit Tränenfluss und heißer Badewanne. Danach ist schon die Hälfte der Trauer von alleine zu innerem Frieden transformiert worden. Mir geht es darum die Gefühle zu haben, die gerade für mich wichtig sind, um zu spüren, wie wertvoll dieses Leben ist.

Die Bewusstheit, die ich durch die 5A-Schrittfolge zu alltäglichem Verhalten machen kann, erlaubt mir immer häufiger, auch auf äußere Umstände positiv gestaltend Einfluss zu nehmen.

Merke ich z.B., dass mein Sohn sauer ist und gerne lauthals auf alles schimpft (Unfrieden für mich), was ihm seiner Meinung zu Unrecht widerfahren ist, entferne ich mich innerlich von seinem Feld der „Aggression", stelle mich gedanklich in das Feld von innerem Frieden und gebe der Situation einen ANSCHWUNG. Wie von Geisterhand wird er ruhiger und fängt an, konstruktiv mit mir zu diskutieren. Ich habe dabei nichts an seinem Feld verändert oder ihn direkt ungefragt behandelt, sondern nur auf mich gehört. Das hat, seit ich es praktiziere, immer geholfen.

Die 5A-Quantenheilung ist eine Lebensphilosophie, weil wir mit ihr unsere Wirklichkeit beeinflussen können. Durch die Anwendung der fünf Schritte entschleunigen wir unser Leben in demselben Maß, wie wir es rocken. Wir entwickeln immer mehr Vertrauen in uns, in alle Situationen und in andere, weil wir bewusst, selbstbestimmt und eigenmächtig handeln. Im Zeitalter der Reizüberflutung, Konsumorientierung und Schnelllebigkeit bietet das Praktizieren der 5A-Quantenheilung eine alltagstaugliche, nachhaltige Entscheidungshilfe, die Dinge zu verwirklichen, die für das eigene, persönliche Wohlergehen vollkommen förderlich sind. Wenn wir alle, jede und jeder für sich, zunächst einmal unser eigenes Wohlbefinden und Glück beachten und die Situationen wählen, die genau dem Tribut zollen, schaffen wir die Grundlage dafür, dass wir gemeinsames Glück erfahren können. Wenn wir aufmerken, dass niemand außer uns selbst wirklich weiß, was uns gut tut, ist es gerade zu egoistisch, andere glücklich machen zu wollen, nur uns selbst nicht.

Erfüllen wir uns unsere Herzenswünsche und Lebensträume, können wir mit viel Kraft und Begeisterung für andere da sein. Denn niemals ist ein Lebenstraum wie der andere. Auch wenn sich Lebensträume nur in Nuancen unterscheiden, ist dennoch individuell für jeden genug Platz vorhanden. Jeder wird genau seine Nische finden!

Ich glaube, dass jeder -wirklich jeder- das kann: Sich sein Leben so gestalten, wie es für ihn am schönsten, erfolgreichsten, gesündesten, spannendsten und glücklichsten ist. Und am besten ist es, schon in jungen Jahren damit anzufangen. Dann boomt das Leben und rockt.

Die 5A-Quantenheilung, die ich aus vielen verschiedenen Lehren, Theorien und Erkenntnissen neu zusammengestellt und entwickelt habe, ist nach meiner Erfahrung ein Modell, das alltagstauglich alle benutzen können, um schnell Veränderungen zu erreichen.

Wenn es selbstverständlich wäre, mental/intuitive Energiearbeit, in diesem Fall fünf Schritte und zwei Punkte für sich anzuwenden, dann würden wir lernen und es gleichzeitig den Kindern beibringen, zuerst uns und dann anderen zu helfen und uns nur noch mit dem zu beschäftigen, was frei machende, leichte, freudvolle, erfüllende Gefühle verursacht und Kraft spendet. Wenn wir nicht direkt durch Tatkraft helfen können, weil wir nicht vor Ort sind, würden wir zum Wohle und Nutzen aller unseren Fokus von dem Elend und der Angst der Welt abwenden und nicht dauernd darüber berichten, obwohl wir von hier sowieso nichts ändern können. Wir wüssten genau, dass wir das in anderen Teilen der Welt bestehendes Leid nur dadurch lindern und beseitigen können, dass wir hier unsere Aufmerksamkeit auf Freiheit, Gesundheit, Wohlbefinden Reichtum und Glück lenken. Wir würden unsere Sicht auf das lenken, was schon gut funktioniert und Dankbarkeit entwickeln und dadurch noch mehr von dem erschaffen, wofür wir dankbar sind. Wir wären sicher, dass wir jeder unsere Nische zur Verwirklichung unseres SELBST hätten. Wir würden nie mehr denken, dass wir nur dann genug haben können, wenn andere weniger haben. Wir wüssten, dass genug für alle da ist und jeder sich seine Fülle, seine Zufriedenheit und seine Freude selbst erschaffen kann. Wir würden es schaffen, durch Erhöhung von liebevoller Energie Verbrechensraten zu reduzieren. Es hätte eine transformierende Wirkung, wenn wir alle gemeinsam Anschwünge auf Liebe, Freude, Begeisterung, Freiheit und Leichtigkeit geben würden, unabhängig von Religion und dem, was in der Vergangenheit geschehen ist. Denn die Energie folgt der Aufmerksamkeit. Lenken wir unsere Aufmerksamkeit hingegen permanent auf die Misere und den Notstand dieser Welt, vergrößern wir diese. Nach dem Gesetz der Resonanz ist es besser, über das zu berichten, was schon geholfen hat und genau dies zu feiern und zu vergrößern. Es sollte klar sein, wo die Nachrichten über Missstände zu finden sind, damit diejenigen, die helfen wollen, sich informieren können und die Möglichkeit zur Handlung bekommen. Aber im Vordergrund sollten gute Nachrichten stehen, die von Freiheit, Frieden, Kreativität und Fülle berichten. Die Meinung, dass das langweilig ist, würde sich ändern, wenn wir wissen, dass dann auch für uns persönlich und sogar für die gesamte Menschheit mehr von diesen wundervollen Dingen passierten. Neid gäbe es nicht mehr. Gewalt auch nicht. Und die Naturkatastrophen reduzierten sich wahrscheinlich ebenfalls. Mitgefühl und Empathie könnten ihre natürliche Ausbreitung erfahren. Kreativität und Gesundheit wären die neuen Statussymbole. Je gesünder oder kreativer, desto authentischer wäre jemand. Authentizität wäre ein Wert, den zu erkennen und finden sich lohnt, weil er zum Wohle und Nutzen aller beiträgt und die Fülle erschafft.

Mit der 5A-Quantenheilung können alle auf ihre innere Stimme hören. Wer spürt, dass alles fast wie von selbst geht, ist in seiner Mitte, mit sich verbunden, ausgeglichen, seinem Lebenssinn nah und dabei, seinen individuellen Lebensplan zu erfüllen. Sämtliche Felder (Ideen, Wissensgebiete, Visionen, Situationen, Körper, usw.) werden zu seinem Wohl aktiviert, weil jeder der wichtigste Mensch in seinem Leben ist. Gleichzeitig bewirkt er dadurch großes Wohl und Nutzen für alle anderen. Je bewusster eine Person wird, desto leichter und schneller werden sich Erfolge zeigen.

Eine Welt, in der jeder seinen persönlichen Sinn findet und lebt, wäre für mich das heile Paradies auf Erden. Auch die, die nichts tun wollten, hätten ihren Sinn gefunden, der von niemandem bemängelt würde. Denn sie hätten im Gemeingefüge auch ihre Aufgabe, die dem Wohle und Nutzen aller dienen würde. Da genug für alle da ist, würde diesen Menschen im Rahmen ihrer Aufgabe auch das zu Teil werden, was sie brauchen. Und alle würden es in Ordnung finden, weil wir alle das hätten, was wir benötigen, um uns frei, gesund und reich zu fühlen. Uns wäre beigebracht worden, dass es nicht nur uns selbst, sondern allen Lebewesen zu Gute kommt, wenn wir selbst zufrieden und glücklich sind.

Also mach mit! Vergrößere mit mir die positiven Felder und lass uns den Himmel auf Erden erschaffen!

Ein herzliches RockDeinLeben!
Deine Dagmar

Literatur- und Quellenverzeichnis

Childre, Doc und **Martin**, Howard: „Die Herzintelligenz Methode". VAK Verlags GmbH, 2016, 5.verbesserte Auflage.

Deletz, Bodo: „50 Halbwahrheiten, die dir das Leben schwer machen können." Ella Kensington Verlag. 2016, 1.Auflage.

Einführung zu der **Epigenetik**-Seite der Universität Saarland, http://epigenetics.uni-saarland.de/de/home/.

„Ein Schaltplan des menschlichen **Erbguts**". In: Bild der Wissenschaft vom 05.09.2012, http://www.wissenschaft.de/home/-/journal_content/56/12054/926746/.

Güntürkün, Onur: „In Gedanken bei den Vögeln". In „Die Zeit" 04/15 vom 16.06.2015.

HeartMath Institutes: „Herzintelligenz". Forschungsberichte zum Thema „Neurokardiologie". VAK Verlags GmbH. Leseprobe unter www.VAK.de. (Die Forschungsberichte sind leider vergriffen.)

Artikel über die Forschungen am **HeartMath Institute** mit weiteren Nachweisen: https://www.heartmath.org/articles-of-the-heart/personal-development/you-can-change-your-dna/.

HeartMath Institute: "The Energetic Heart is Unfolding". 2010. https://www.heartmath.org/articles-of-the-heart/science-of-the-heart/the-energetic-heart-is-unfolding/.

Heede, Günter und Dr.med. Wolf **Schriewersmann**: „Matrix Inform – Grundlagen der Quantenheilung". Irisiana Verlag, 2016, 1.Auflage.

Lipton, Bruce H.: „Intelligente Zellen". KoHa-Verlag, 2016, 1. erweiterte Neuauflage.

https://www.sein.de/die-weisheit-der-zellen-interview-mit-**bruce-lipton**/.

Lipton, Bruce: Geleitwort zu dem Buch von Rob Williams PSYCH-K®, KOHA Verlag, 2009.

https://www.koha-verlag.de/fileadmin/user_upload/produkte//5083_leseprobe.pdf.

Lumira: „Erneuere deine Zellen". Trinity-Verlag, 2012, 2.Auflage.

MacGregor, Don: „Wissenschaft und Transzendenz – Zwei Sichtweisen – Eine Welt". Crotona Verlag, 2014, 1. Auflage.

Marx, Dr. Susanne: „HerzIntelligenz kompakt". VAK Verlags GmbH, 2010.

McCraty, Rollin und Mike Atkinson und Dana Tomasino: "Modulation of DNA Conformation by Heart-focused Intention". B.A. , 2009. https://archive.org/details/ModulationOfDnaWithHeart-focusedMeditation.

Seligman, Martin: „Flourish-Wie Menschen aufblühen". Kösel-Verlag, 2014, 2.Auflage.

Warnke, Dr. Ulrich: „Quantenphilosophie und Spiritualität".
Scorpio-Verlag, 2011, 2.Auflage.

Interview mit Dr. Ulrich **Warnke** zu seinem Buch „Quantenphilosophie und Spiritualität" auf www.scorpio-Verlag.de,
https://scorpio-verlag.de/default.asp?Menue=8&News=78.

Warnke, Dr. Ulrich:
www.youtube.com/watch?v=IVhFhR_ISdw, 14'20".

Wessels, Beulke: Strafrecht – Allgemeiner Teil,
C.F. Müller Verlag, 2012. 42. Auflage.

www.sein.de/das-herz-unser-zweites-gehirn.

www.philosophie-woerterbuch.de.

Dagmar Braaksma ist Juristin, Rocksängerin, Heilpraktikerin für Psychotherapie, Mental- und Intuitionscoachin, Erfolgreich-Wünschen- und Matrix-Inform-Coachin und die Entwicklerin der 5A-Quantenheilung. Diese Mischung aus Mentalcoaching und Energiearbeit kann man in Einzelcoachings erfahren oder in zahlreichen Seminaren und Workshops selbst erlernen. Dagmar Braaksma kann darüber hinaus für Vorträge, Lesungen und In-House-Seminare gebucht werden.

Dagmar Braaksma Einzelcoachings – Seminare – Vorträge Informationen unter www.dagmar-braaksma.de.